Verlag Bibliothek der Provinz

Georg Friedl

Mühlviertler Küche

Geschmack und Glück der Einfachheit

Fotos: Petr Blaha

herausgegeben von Richard Pils

ISBN 978-3-902416-74-2

A-3970 WEITRA 02856/3794
www.bibliothekderprovinz.at

Georg Friedl

Mühlviertler Küche

Geschmack und Glück der Einfachheit

Zutiefst philosophisch

„Kochen befreit von der Banalität des Alltags", zitiert Georg Friedl auf seiner „Mühlviertel"-Homepage Peter Kubelka – und das nicht von ungefähr. Denn dass Georg Friedl ein hochbegabter Koch und ein Handwerks-Meister im besten Sinne des Wortes ist, ist hinlänglich bekannt. Aber Georg Friedl ist mehr als das: Er ist kulinarischer Botschafter, nach meiner Wahrnehmung sogar einer der bedeutendsten Botschafter regionaler und traditionsbewusster (nicht: nostalgischer!) Küche in ganz Österreich, mindestens. Und wenn man Philosophie im klassischen Sinne als die Leidenschaft versteht, die Dinge zu hinterfragen, ihnen auf den Grund zu gehen und sie gründlich zu reflektieren, dann ist Georg Friedls Küche zutiefst philosophisch – weshalb das in seinem zweiten Kochbuch dokumentierte „Glück der Einfachheit" eines ganz sicher nicht ist: banal. Ganz im Gegenteil hat dieses Glück sein solides Fundament in Georg Friedls immensem Wissen um die kulinarischen Traditionen des Mühlviertels, seinem umfassenden, ganzheitlichen Verständnis von der Sinnlichkeit des Kochens und seiner starken emotionalen, wertschätzenden Verbundenheit mit der Natur, ihrer Vielfalt und ihrem Reichtum im Wechsel der Jahreszeiten, aus dem sich nicht zuletzt die Kreativität des „Mühlviertelns" speist.

Im Zentrum des „Glücks der Einfachheit" stehen aber zweifellos der Genuss, die Freude an hochwertigen, ehrlichen Lebens-Mitteln und die Lust an wirklich gutem Essen.

In diesem Sinne wird es mir ein Vergnügen sein, mich unter der Anleitung Georg Friedls durch das Mühlviertel zu kochen und zu schmecken und das „Glück der Einfachheit" mit allen Sinnen nach Herzenslust zu genießen.

Thomas Mohrs

Dozent am Zentrum für Gastrosophie der Universität Salzburg
und Professor an der Pädagogischen Hochschule Oberösterreich

Vorbemerkung

Aus alten Kochbüchern und überlieferten Rezepten sind mir manche kulinarischen Kuriositäten bekannt, die angesichts der heutigen Essensgewohnheiten kaum mehr brauchbar scheinen. Für mich als kreativ denkenden Koch sind sie jedoch durchaus interessant und es wert, wieder in unsere Speisepläne aufgenommen zu werden.

Ich versuchte, bei der Zusammenstellung der Rezepte für dieses Buch jene auszuwählen, welche einen guten, repräsentativen kulinarischen Eindruck des Landstrichs vermitteln. Vor allem sollten sie auch für Sie nachkochbar und den heutigen Essensgewohnheiten angepasst sein.

Alte Gerichte dieser Art werden kaum mehr gekocht, daher ist es mir ein besonderes Anliegen, ihre Überlieferung weiterzuführen, sind sie doch Teil unserer Kultur und Lebensart.

Die Gerichte sind traditionellen Ursprungs, wobei ich bei den Rezepturen geringfügig eingriff, um die Speisen schmackhafter, raffinierter und bekömmlicher zu machen, ohne den ursprünglichen Charakter der Gerichte zu verlieren.

Zudem finden Sie bei jedem Gericht zusätzliche Informationen und Tipps von mir, welche die jeweilige Herkunft, den Geschmack oder die Zubereitungsweise näher erläutern.

Die Rezepte sind, wenn nichts anders angegeben, für 4 Personen ausgerichtet.

Viel Spaß beim Kochen und Eintauchen in das kulinarische Mühlviertel.

Georg Friedl

Inhaltsverzeichnis – thematisch

JAHRESKREISLAUF

ZWISCHENDURCH UND JAUSE

SUPPEN

HAUPTSPEISEN

NUDELN

KNÖDEL

KO

SCHEDL

STRUDEL

MÜHLVIERTLER BESONDERHEITEN

BASISREZEPTE

Brauchtum und Speisen im Mühlviertler Jahreskreislauf

Der Jahreskreislauf war von verschiedensten Festen, Feiertagen und religiösen Anlässen begleitet, zu denen ganz bestimmte Speisen aufgetischt wurden. Diese Speisen spiegeln das enge Zusammenspiel zwischen den Menschen, Brauchtum, Mythos und Glauben wider. Der Wechsel der Jahreszeiten bedingte auch die jeweils verfügbaren Lebensmittel.

Diese enge Verbundenheit führte dazu, dass die Wertschätzung einzelner Lebensmittel eine wesentlich größere Rolle spielte als heute.

So wurde Speisen und Gewürzen eine starke Symbolik zugeschrieben. Salz sollte vor Zersetzung bewahren, und Salzbräuche begleiteten das ganze Leben.

Anis, Kümmel und Fenchel wurde eine antidämonische Wirkung nachgesagt. Gepflückt am Morgen des Johannistages, so glaubte man, schützten sie besonders vor Unglück und Blitzschlag.

Die Semmel, für uns eine Alltäglichkeit, galt als Fruchtbarkeitssymbol und Festgebäck. Mit Anis bestreut, durfte sie bei Zehrungen oder Hochzeitsmählern nicht fehlen.

Eine alte Hausregel besagte: Zur Suppe haben alle im Hause zu sein und während der Mahlzeit muss das äußere Tor geschlossen sein. Dies zeigt die Bedeutsamkeit, aber auch die Intimität des gemeinsamen Mahls.

Jänner – Brachliegen der Felder und Hochzeitsfeiern

Zu Neujahr wurde im Mühlviertel ein so genanntes Jahresradl gebacken, ein schneckenförmiges Gebäck aus Mürbteig oder einfachem Germteig. Eine andere beliebte Speise war das Tried. Ob das Tried wirklich typisch für den Jänner ist, lässt sich nicht genau eruieren. Zumindest entdeckte ich es zu dieser Zeit häufig in der Küche meiner Großmutter. Hier spielte die Zahl drei, die Dreiheit der Zutaten eine Rolle. Most, Zucker, Brot. Altbackenes Weißbrot wurde mit gesüßtem Most getränkt. Meine Großmutter gab zumeist noch Ribiselmarmelade darauf.
Früher wurde oft im Jänner geheiratet. Dies war die Zeit, in welcher der bäuerlichen Bevölkerung ruhige Tage zur Verfügung standen. Die Felder lagen brach und die meiste Hausarbeit war getan. So hatten die Hausleute Muße, um das Fest vorzubereiten. Welche Speisen aufgetischt wurden, hing von der Verfügbarkeit der Lebensmittel ab. Als Nachtisch durfte jedoch das Schmalzko nicht fehlen. Das Schmalzko wurde aber auch zu Weihnachten, zum Dreschen und beim Neubau eines Gebäudes gereicht.

Schmalzko, Schmalzbrein oder Hochzeitsko (6 Personen)

1 l Milch
400 g braune Butter (siehe Basisrezepte)
150 g Zucker
etwas Safran
250 g Weizengrieß
Staubzucker
2 Esslöffel Rosinen

Safran in kalte Milch geben.
1 Stunde ziehen lassen.
Die Milch mit Zucker und Butter aufkochen.
Grieß einrühren und eindicken lassen.
Mit Staubzucker und Rosinen bestreuen.

Dies ist eine Originalrezeptur, die sehr üppig ist, aber dennoch hervorragend schmeckt.

Februar – Dienstbotenwechsel und Beginn der Fastenzeit

Zu Lichtmess fand der Dienstbotenwechsel statt. Das alte Personal wurde entlohnt oder entlassen, neues eingestellt. Anstatt Geld als Lohn wurde auch mit Naturalien bezahlt. Vor allem gab es geselchtes Fleisch, Speck, Brot und Erdäpfel, auch Schmalz durfte nicht fehlen. Schmalz war das Fett schlechthin. Man verkochte es während des gesamten Jahres, außer in der Fastenzeit, dann wurde zum Backen und Kochen Leinöl verwendet.
Die Fastenzeit begann ebenfalls im Februar, in diesen Wochen wurde auf fleischliche Genüsse verzichtet. Speziell in herrschaftlichen Häusern verkochte man jedoch Biber, Enten und Schildkröten, da diese, weil sie im Wasser leben, zu den Fischen und nicht zum Fleisch zählten. Bei den Fischgerichten gab es oftmals genaue Vorschreibungen, welche Gewürze, zum Beispiel Safran und Pfeffer, verwendet werden mussten.

Fischbeuschelsuppe

Kopf und Gräten von 2 Karpfen, 2 Karpfenbeuschel (Rogen)
1 Karotte, 1 Petersilienwurzel, ¼ Sellerie, 2 Zwiebel
Fenchelsamen, Korianderkörner, Pfeffer, Muskatblüte, Safran, 1 Lorbeerblatt
Thymian, Estragon, Petersilie, Zitronenschale, 4 Esslöffel Leinöl
2 Senfgurken
3 Esslöffel Sauerrahm
2 Esslöffel Mehl

Die Karpfenköpfe halbieren und mit den Gräten in Öl anbraten.
1 Zwiebel in Ringe schneiden und zugeben. Die Gewürze beimengen.
Geschältes Gemüse zufügen, mit Wasser aufgießen.
1 Stunde leise köcheln lassen.
Das Karpfenbeuschel in einem extra Topf pochieren und erkalten lassen.
Das Gemüse aus dem Sud heben, den Sud abseihen.
Das Fleisch von den Karpfenköpfen und den Gräten ablösen, passieren.
Das restliche Leinöl erhitzen und fein gewürfelte Zwiebel darin anschwitzen.
Mit einem Esslöffel Mehl stauben, mit Sud aufgießen. Kochen lassen.
Gemüse und Senfgurke in kleine Würfel schneiden, in die Suppe geben.
Passiertes Fischfleisch und fein gehacktes Beuschel zugeben.
Sauerrahm mit restlichem Mehl versprudeln und in die Suppe einrühren.
Mit Kräutern, Salz, Pfeffer, Zitronenschale vollenden.

Verwenden Sie für dieses Gericht möglichst Bio-Karpfen aus frischen Gewässern.

März – Frühlingsbeginn und Zeit der Aussaat

Der „Oa in Schmalz“-Knödel war traditionell eine sehr fette Angelegenheit. Oftmals wurde das Gericht zu Zeiten der Aussaat zubereitet und dem Bauern, der Har (Flachs) anbaute, von der Bäuerin aufs Feld nachgetragen. Er aß dann die Knödel mit der Hand. Dadurch wurde die Hand schmierig (heil) und die Linsaat (Leinsaat) verteilte sich besser.

Oa in Schmalz Knodn (Eier in Schmalz Knödel)

Erdäpfelteig für gebackene Knödel (siehe Basisrezepte)
4 Eier
40 g Butter oder Schmalz
Salz, Pfeffer, Muskat

Butter oder Schmalz in einer Rein heiß werden lassen.
Die versprudelten Eier dazugeben.
Im Rohr bei 160 °C stocken lassen.
Die Eiermasse kalt stellen.
Erkaltet in Würfel schneiden und würzen.
Erdäpfelteig zubereiten.
Erdäpfelteig in kleine Stücke schneiden.
Die Würfel in Erdäpfelteig einschlagen.
In einer Rein Butter zergehen lassen.
Die Knödel darin wenden und nebeneinander in die Rein setzen.
Bei mittlerer Hitze backen.
Oder die Knödel in Salzwasser kochen.

Die Knödel werden mit grünem Salat oder Krautsalat angerichtet.
Salzen Sie die Eiermasse erst vor dem Einschlagen in den Teig,
da das Salz die Eier sonst unansehnlich grau färben würde.

April – österliche Bräuche

Gerade um das Ende der Fastenzeit und den Beginn der österlichen Feiertage gab es eine Vielzahl von auch kulinarischen Bräuchen.
In der Fastenzeit reichte man oft ungesalzenes Brot, das sich von den ungesäuerten Broten der Bibel ableitete. Auch verzichtete man in der Fastenzeit möglichst auf tierische Fette. Dennoch wurde Butter produziert, die wegen der besseren Haltbarkeit gesalzen wurde. Dies war auch eine Möglichkeit, dem ungesalzenen Brot „auszukommen".
Zu Ostern wurde der Tisch mit weißem Leinen gedeckt, Blumen und junge Saat darauf in einem Kreis angeordnet und die Gerichte in den Kreis gestellt. Osterflecken, rote Eier und Geweihtes mit Kren durften nicht fehlen.
Die Weihe von Brot, Eiern und Fleisch fand in der Osternacht statt. Klein geschnitten aß man es als Weihfleisch am Ostersonntag mit Kren, der die bösen Geister vertreiben und die Gesundheit stärken sollte.
Schnittlauch durfte ebenfalls auf keinem Ostertisch fehlen, da es das erste „essbare" Grün im Garten war. Er zeigte den Beginn des Frühlings an, ufbruch und Erneuerung.
Am Ostermontag aß man traditionell immer eine Suppe mit viel Einlage beziehungsweise Fleisch. Denn zu Ostern wurde meist ein Rind oder ein Schwein geschlachtet, auch junge „Opfertiere" wie Lamm, Zicklein, Kaninchen lieferten die Zutaten beliebter Speisen.
Mit Eiern wurde in der Fastenzeit gespart, dadurch hatte man zu Ostern einen großen Vorrat, der sich in den Speisen bemerkbar machte.
Der Osterfleck war ein traditionelles Germteiggebäck im Umland von Linz. Als Geschenk für die Verwandten wurde er am Ostermontag mit einem roten Ei in der Mitte überreicht.

Osterfleck (1 Stück)

250 g glattes Mehl, 20 g Germ
2 Dotter, 50 g Zucker
etwas Salz, 1 Esslöffel Rosinen
Ei zum Bestreichen

Aus den Zutaten einen Germteig bereiten.
Aufgehen lassen, den Teig zusammenschlagen.
Rund, etwa 3 cm hoch ausrollen.
In einen Tortenring geben.
Mit Ei bestreichen. Bei 170° C ca. 45 Minuten backen.

Mai – ein Brauchtumsmonat

Dieser Monat kann zwar mit einer Vielzahl von Brauchtümern aufwarten, die sich von Aberglauben und Zaubermächten bis zu christlichen Ereignissen spannen, doch beeinflussten diese Bräuche kaum die Speisen. In der ersten Mainacht, der Walpurgisnacht, tanzten beispielsweise angeblich die Hexen mit dem Teufel. Neuere Feste, wie der Muttertag, wurden zusätzlich eingeführt.
Die Bauern fütterten die Kühe mit Butterblumen, was bewirken sollte, dass die Butter das ganze Jahr schön gelb bleibt. Abergläubische meinten, dass zu Christi Himmelfahrt nur Geflügel gegessen werden dürfe. Dieses Brauchtum verankerte sich aber ebenfalls nicht dauerhaft in den Speiseplänen.
Ein Brauch, der immer mehr in Vergessenheit gerät, ist die Herstellung der Maibutter. Es ist die Butter der ersten Milch von nun wieder im Freien grasenden Kühen. Die Maibutter wurde süß wie auch sauer serviert. Die süße Variante war genau genommen ein stark ausgeschlagener Rahm, der mit Zucker und Zimt versetzt wurde. Für die saure Variante wurde die Butter mit allerlei frischen Kräutern vermischt und zu einer Rolle geformt.

Bauernbrot mit Maibutter

4 Scheiben frisches würziges Roggen-Bauernbrot
Frühjahrs-Bauernbutter
etwas Salz
Schnittlauch, Pimpernelle, Gundelrebe, Petersilie, Kerbel
Radieschen

Brot (dick) mit Butter bestreichen.
Leicht salzen.
Die Kräuter fein hacken und das Butterbrot damit bestreuen.
Mit Radieschen belegen.

Die Schwierigkeit bei dieser so einfachen Speise besteht darin, wirklich herzhaftes Brot und köstliche frische Butter zu finden.

Juni – Zeit der Sonnenwende

Für die Bauern brach nun bald die Zeit der Ernte an, es war die Zeit der Sonnenwende. Die Tage bis zum 24. Juni, dem Fest Johannes des Täufers, waren von Mythen begleitet. In der Sonnwendnacht gingen angeblich die Hexen um, daher wurden Feuer entzündet, um sie zu verscheuchen.
Zu Johannis wurden die noch unreifen Nüsse des Walnussbaums gepflückt und ein Schnaps damit angesetzt. Dieser besitzt eine geheimnisvolle, heilende Kraft, so der Volksmund.
Es gehörte traditionell zur Sonnwendfeier, Krapfen zu backen, deren große, runde Form der Sonne nachempfunden war.

Sonnwendkrapfen (ca. 20 Stück)

1 kg Mehl
40 g Germ
100 g Zucker
5 Dotter
50 g Butter
500 ml Milch
Salz
Rosinen
1 Esslöffel Rum
Fett zum Backen

Germ mit etwas Zucker verbröseln.
Stehen lassen, bis er sich verflüssigt.
Mit den restlichen Zutaten zu einem geschmeidigen Teig kneten.
Den Teig auf das doppelte Volumen aufgehen lassen.
Den Teig zusammenschlagen und gleichmäßige kleine Stücke abstechen.
Kleine Kugeln formen.
Aufgehen lassen.
Backfett erhitzen.
Die Teigkugeln zu Fladen ziehen.
Beim Ziehen soll ein Rand entstehen und der Teig in der Mitte soll sehr dünn sein.
Vorsichtig ins heiße Fett einlegen.
Der dünne Teig in der Mitte soll sich aufplustern und eine „Schüssel" bilden.
Beidseitig goldbraun backen.
Abtropfen lassen und mit Staubzucker bestreuen.

Juli – Erntezeit

Der Bauer konnte nun nur mehr zusehen, ob ihm die Natur wohlgesonnen war und er volle Vorratskammern zu erwarten hatte. Die Ernte war in vollem Gange, es herrschte ein geschäftiges Treiben am Bauernhof. In dieser Zeit waren auf den Höfen viele Menschen beschäftigt, um die Ernte zu bewältigen, gab es doch noch keine Maschinen.
Eine Vielzahl von besonderen Speisen wie Schmalzko, Fettgebackenes und Nudeln wurde aufgetischt. Allesamt sehr kalorienreich, da die Erntearbeit sehr kräfteraubend war.
Das erste geerntete Getreide wurde aufgehoben, um daraus ein besonderes Brot zu backen.

Mühlviertler Rahmnocken (2 Personen)

1 Ei
2 gehäufte Esslöffel Sauerrahm
1 Esslöffel griffiges Mehl
1 Prise Backpulver
Butter
Salz

Ei mit Sauerrahm verrühren.
Griffiges Mehl sowie Backpulver beimengen.
Den Teig kurz stehen lassen.
In einer Pfanne etwas Wasser mit Butter und Salz aufkochen.
Nocken in das kochende Butter-Salz-Wasser hineinsetzen.
Zugedeckt langsam kochen lassen.
So lange kochen, bis das Wasser verdunstet ist und die Nocken zu bräunen beginnen.
Aus der Pfanne ausstechen und anrichten.

Rahmnocken, eine alte Rezeptur, sind genial gut. Wenn die Kühe im Frühjahr und Sommer frisches Gras bekamen, gaben sie Milch mit einem höheren Fettgehalt, daher stieg die Rahmausbeute. Aus diesem Grund konnte man sich „opulente" Gerichte „leisten", während der Rahm ansonsten zur Butterherstellung verwendet wurde .

August – Hochsommer

Die Ernte war noch in vollem Gange. Die Sommergewitter brachten zwar Abkühlung, waren aber auch gefürchtet, da ein Blitzschlag das Haus in Brand setzen oder starker Regen und Hagel die Ernte vernichten konnte. Zu Maria Himmelfahrt, hieß es, hätten die Kräuter eine besondere Heilwirkung. Noch vor Sonnenaufgang wurden sie gepflückt, dann getrocknet. Die Kräuter sollten vor Blitz und Seuchen schützen. Sie wurden ebenso als Tees bei verschiedenen Krankheiten gereicht.

Grünkernsuppe mit neun Kräutern

¾ l Hühnersuppe
¼ l Sauerrahm
1 Esslöffel glattes Mehl
2 Esslöffel Grünkernschrot, mittelfein
Salz, Pfeffer, Muskat
1 Esslöffel Butter
Gesamt 8 Esslöffel Kräuter, fein gehackt, zu gleichen Teilen Pimpernelle, Brennnessel, Schafgarbe, Liebstöckel, Zitronenmelisse, Löwenzahn, Frauenmantel, Petersilie, Salbei

Grünkernschrot in Butter leicht anrösten.
Mit heißer Hühnersuppe aufgießen.
Aufkochen.
Danach Sauerrahm mit Mehl versprudeln.
In die kochende Suppe einrühren.
Aufkochen und einige Zeit leise köcheln lassen.
Vor dem Servieren mit den fein gewiegten Kräutern vermischen.

September – Erntedank

Die Zeit der kürzer werdenden Tage brach an und die Ernte war fast eingebracht. Die Erdäpfel wurden aus der Erde geklaubt und einige davon in einem Rebenfeuer gebraten. Aus dem Obst entstanden köstliche Marmeladen. Birnen dörrten im Ofen, um im Winter Kletzen für Brot und Gebäck zu haben.
Der Altweibersommer zog ein und rund um Michaelis fanden Erntedankfeste statt. Bei diesen Festen konnten die Bauersleute aus dem Vollen schöpfen und sich an den noch einmal reich gedeckten Tischen laben.

Hollerko (6 Personen)

1 ½ l Hollerbeeren, entstielt, gewaschen
200 g Zucker
50 g Butter
2 Birnen, gewürfelt
12 Zwetschken, entkernt
100 ml Sauerrahm
1 Esslöffel Mehl
1 Stange Zimt

Zucker karamellisieren.
Butter dazugeben.
Die Hollerbeeren beimengen.
Aufkochen lassen.
Zimt, Birnen und Zwetschken zufügen.
Einkochen.
Rahm mit Mehl versprudeln und einrühren.
Kochen lassen und heiß servieren oder in Gläser füllen.

Hollerko wurde vorwiegend zu Süßspeisen gegessen.

Oktober – die Felder vereinsamen

Das Leben spielte sich nun hauptsächlich in den Häusern ab. Die letzten Nüsse wurden geerntet, Kraut wurde eingetreten, Rüben eingesalzen, um alles haltbar zu machen. Angeblich wurde das Sauerkraut im benachbarten Innviertel „erfunden".
Der eingebrachte Flachs wurde weiterverarbeitet. Bei dieser Arbeit reichte man ein Gericht aus Hirse, die neben Erdäpfeln und Rüben ebenso ein Hauptnahrungsmittel war.

Rifflbrein

½ l Milch
Salz, Muskat
½ kg Hirse
1 kleine Zwiebel, geschält und mit einigen Nelken gespickt

Hirse waschen.
Linden – ohne Fett leicht rösten.
Milch, Salz, Muskat und die gespickte Zwiebel zugeben.
Zu einem sehr dicken Brei einkochen.
Zwiebel entfernen.
Den Brei auf ein Nudelbrett leeren.
Zu einem Fladen formen.
Erkalten lassen, aufschneiden.

Dieses Ko oder Brein wurde beim Riffeln (Entfernen der Samenkapseln von der Leinpflanze) gereicht und meist mit einem Topfenkäse verspeist. Ich verfeinere das Gericht mit der nelkengespickten Zwiebel.

November – Martini, Kirtag, Schwein und Gansl

Der heilige Martin wurde nicht nur mit der Bestrafung der verräterischen Gänse in Verbindung gebracht, er war auch Schutzpatron der Schweine. Aus diesem Grund wurden im Mühlviertel rund um Martini häufig Schweine geschlachtet.
Die Gans hielt erst im Spätbarock in den Speisenzetteln Einzug, da sie ursprünglich als unrein galt. Der größte Gänsemarkt war in Haslach, da die Gänse aus Böhmen nach Linz getrieben wurden.
Ein bekanntes Gericht war das „Ganslblut“. Gestocktes Gänseblut wurde mit viel Zwiebel und Majoran geröstet.
Es war auch die Zeit des Martini Kirtags, wo reichlich Met (Honigwein) ausgeschenkt wurde. Für den Nachhauseweg vom Kirtag richtete man sich die Metsemmel, eine mit Honigwein getränkte Semmel als Wegzehrung.

Gansleinmachsuppe (6 Personen)

1 l Ganslsuppe
gekochtes Gemüse von der Suppe
gekochtes Gänseklein von der Suppe, ausgelöst, klein geschnitten
125 g Butter
50 g Mehl
¼ l Sauerrahm
Salz, Pfeffer, Muskat, etwas Safran, Rosmarin, Majoran, Zitronenschale
Petersilie, Liebstöckel

Butter leicht bräunen lassen, Mehl zugeben.
Mit Suppe aufgießen, gut durchkochen lassen und würzen.
Sauerrahm mit etwas Mehl versprudeln.
In die Suppe mixen, kurz aufkochen lassen.
Das Gemüse vom Fond und das Fleisch gewürfelt zur Suppe geben.
Mit Petersilie und Liebstöckel vollenden.

Dezember – weihnachtliche Bräuche und Gebäck

Eine Vielzahl an Brauchtümern und Mythen, die sich bis heute gehalten haben, stehen in Zusammenhang mit Weihnachten.
Zwischen Weihnachten und dem Dreikönigstag gab es die Raunächte. An diesen Tagen ging man mit Weihrauch durch alle Räume, auch die Stallungen ließ man nicht aus. Das Haus wurde mit immergrünen Zweigen geschmückt, seit jeher ein Symbol für die ewige Lebenskraft.
Zur Zeit der Wintersonnenwende sollte das letzte Mal vor Weihnachten gebacken werden. Dann blieb der Backofen bis zum Dreikönigstag kalt.
Im Störibrot oder Kletzenbrot wurden Gewürze wie Anis, Koriander und Fenchel verarbeitet, da diese die Fruchtbarkeit erhalten sollten. Das Störibrot wurde aus weißem Mehl gemacht und war damals wirklich eine Besonderheit, da früher sonst nie Weißbrot aufgetischt wurde. Sein Aussehen nach dem Backen wurde als zukunftsweisendes Zeichen gesehen.
Im Kloster wurde am Vorabend vor Christi Geburt verschiedenes Gemüse mit guten Fischen serviert und Eier dazu gereicht.
Getrocknete Erbsen galten als Standardnahrungsmittel, hatten aber auch große Bedeutung als Fruchtbarkeitssymbol. Erbsenko war eine der wichtigsten Weihnachtsspeisen.

Erbsenko

300 g getrocknete Erbsen, über Nacht eingeweicht, gekocht
1 Esslöffel Schmalz
(zu dieser Zeit hatte man oftmals Gänseschmalz zur Verfügung)
1 Zwiebel, feinwürfelig geschnitten
1 Esslöffel Mehl
½ l Gemüsesuppe (Erbsenkochwasser)
1 Messerspitze Anis, 1 Kaffeelöffel Zucker
Salz, Pfeffer, etwas Estragon, 1 Prise Kardamom
1 Spritzer Essig
4 Esslöffel Sauerrahm

Zwiebel in Schmalz anrösten und mit Zucker karamellisieren.
Mit Mehl stauben und mit Suppe aufgießen.
Gewürze zugeben und sämig verkochen lassen.
Die gekochten Erbsen zufügen.
Mit einem Spritzer Essig abschmecken.
Mit Sauerrahm servieren.

Zwischendurch und Jause

Bei festlichen Tafeln wurden die Vorspeisen oftmals als Voressen bezeichnet. Voressen gab es auch bei der bäuerlichen Bevölkerung, aber nur an kirchlichen Hohetagen oder bei Festessen.

Die Jause hingegen war ein fixer Bestandteil des bäuerlichen Lebens. Meist wurde sie gegen 9 Uhr vormittags und am Nachmittag eingenommen, wichtig war sie während der Zeit der schweren Feldarbeit oder im Winter bei der Holzarbeit.

Das Jausenangebot variierte und war von der zu verrichtenden Arbeit und den verfügbaren Lebensmitteln abhängig.

Saure Boana

1 kg fleischige Schweinsrippen
Pfeffer, Selleriesalz, Kümmel
2 große Zwiebel
½ l Wasser, besser Suppe oder Gemüsefond

Rippenfleisch mit Selleriesalz, Pfeffer und Kümmel über Nacht einsalzen.
In einer Pfanne die gewürzten Fleischrippen scharf anbraten.
Zwiebel in feine Ringe schneiden und zufügen.
Mit Kümmel bestreuen und mit Suppe aufgießen.
Zugedeckt ca. 2 Stunden weich dünsten lassen.

Werden die Rippen warm gegessen, reicht man Erdäpfel und Kraut dazu. Oftmals wurde die Suppe mit Essig gesäuert, dann ließ man die Rippen darin auskühlen und aß sie kalt.
Das Besondere bei diesem Gericht ist das Selleriesalz. Durch die säuerlich-würzige Aromatik des Selleries bekommt die Speise eine besondere Note.

Essigknödel

4 übrig gebliebene, gekochte Semmelknödel
1 kleine, rote Zwiebel
etwas Kren
Apfelmostessig
Sonnenblumenöl, etwas Leinöl
Salz, Pfeffer

Semmelknödel in Scheiben schneiden.
Auf Tellern auflegen.
Zwiebel in Ringe schneiden.
Über die Knödel verteilen.
Aus Salz, Pfeffer, den Ölen und Essig eine Marinade bereiten.
Die Marinade über die Knödel und die Zwiebel verteilen.
Mit Kren bestreuen.

Dies ist eine schmackhafte Resteverwertung von Semmelknödeln und eine gute vegetarische Alternative zur klassischen Essigwurst.

Falsche Fische

1 kg Erdäpfelteig (siehe Basisrezepte)
½ kg Fleischbratenreste
100 g Zwiebel, fein gehackt
Salz, Pfeffer, ¼ Zitronenschale
3 Sardellenfilets
1 Esslöffel gehackte Petersilie
1 Esslöffel gehackter Estragon
etwas Butter
Mehl, Ei und Brösel zum Panieren
Fett (Butterschmalz) zum Backen

Fleischbratenreste faschieren.
Zwiebel in etwas Butter glasig werden lassen.
Faschierte Bratenreste zugeben.
Mit Salz, Pfeffer, Zitronenschale, gehackten Sardellenfilets, Petersilie und Estragon abschmecken.
Den Erdäpfelteig ½ cm dick ausrollen.
In 10 x 10 cm große Teigflecke schneiden.
Die Teigflecke mit Fülle belegen und zusammenklappen.
Die Ränder gut andrücken.
Danach in Mehl, Ei und Brösel wälzen und schwimmend goldbraun backen.

Das Gericht hat mit Fischen nichts zu tun. Der Name stammt vermutlich von der Form beziehungsweise vom „schwimmend wie ein Fisch" im Fett Backen. Sardellen verwendete man vor allem als Würze und Salzersatz.

Saumaisen

½ kg Faschiertes (vom Schwein, oder Rind und Schwein gemischt)
100 g Weißbrot, eingeweicht und ausgedrückt
50 g faschierte Leber (Schweinsleber)
2 Eier
Salz, Pfeffer, Petersilie, Majoran
1 Zwiebel
2 rohe Erdäpfel, fein gerieben und ausgedrückt
1 großes Schweinsnetz

Faschiertes, faschierte Leber, Eier, fein gehackte Zwiebel, Gewürze, Erdäpfel und Weißbrot vermengen.
Kleine Laibchen formen.
In Schweinsnetz einwickeln.
Im Rohr in einer leicht geölten Pfanne bei 180 °C ca. 25 Minuten braten.

Angerichtet werden die Maisen auf Sauerkraut, warmem Krautsalat oder mit Endiviensalat.
Geben Sie beim Braten der Maisen eine zerdrückte Knoblauchzehe und einige Körner Koriander dazu, das gibt den Maisen eine besondere Aromatik.

Einbrennte Erdäpfel

20 Erdäpfel (Kipfler)
zwei 10 cm lange Stücke Senfgurke
1 Knoblauchzehe
Salz, Lorbeerblatt, Kümmel, Muskatnuss
1 kleine Zwiebel
1 Esslöffel Butter
1 kleiner mehliger Erdapfel
½ Mokkalöffel scharfer Senf
¼ l Schlagobers
1 Esslöffel Rapsöl

Kipfler-Erdäpfel schälen.
Mit Lorbeerblatt, Kümmel, Salz, Muskatnuss und zerdrückter Knoblauchzehe weich kochen.
In einem Topf Butter bräunen, Rapsöl zugeben, Zwiebel würfeln und anschwitzen.
Mit einem Teil des Erdäpfelkochwassers (Erdäpfelfond) aufgießen.
Mehligen Erdapfel fein reiben und beimengen.
Gut durchkochen lassen, bis die Sauce dicklich wird.
Obers zufügen, abschmecken und passieren.
Die gewürfelten Senfgurken mit den blättrig geschnittenen Erdäpfeln in die Sauce geben.
Noch kurz weiter kochen lassen.

Ein würziges Erdäpfelgericht, das traditionell als Hauptspeise gegessen wurde, jedoch auch hervorragend zu Fischgerichten passt.

Speckomeletten

2 Eier
100 g griffiges Mehl
1/8 l Milch
etwas Salz, Muskat, Kümmel
100 g Bauchspeck
1 Esslöffel Schnittlauch
Butterschmalz

Eier trennen.
Dotter schaumig rühren.
Mit griffigem Mehl, Milch sowie den Gewürzen einen dickflüssigen Teig bereiten.
10 Minuten quellen lassen.
Danach Eiklar zu Schnee schlagen und unter die Masse heben.
Speck würfeln und die Menge in vier Teile teilen.
In einer Pfanne etwas Butterschmalz erhitzen.
Darin ¼ der Speckwürfel braten.
¼ des Teiges eingießen und langsam beidseitig backen.
Den Vorgang 4 Mal für 4 Omeletten wiederholen.
Mit Schnittlauch bestreuen.

Die Omeletten werden mit Krautsalat oder Blattsalat angerichtet. Dies ist eine würzige Variante, die sowohl als Hauptspeise als auch als Vorspeise genossen werden kann. Es können nach Belieben auch Zwiebeln oder Pilze untergemischt werden.

Leinölerdäpfel

8 große halbmehlige Erdäpfel (am besten die Sorte Linzer Rose)
ca. 1/8 l Leinöl
ca. ½ l Milch
Salz, Muskat
1 Esslöffel Leinsamenschrot
getrocknete Kornblumen

Erdäpfel kochen.
Schälen, blättrig schneiden.
In einen Topf geben und knapp bedeckt mit Milch auffüllen.
1/16 l Leinöl zugeben.
Mit Salz und Muskat würzen und zum Kochen bringen.
Auf kleiner Flamme köcheln lassen, bis die Milch mit den Erdäpfeln sämig eingekocht ist.
Mit Leinöl, Leinsamenschrot und getrockneten Kornblumen anrichten.

Ein traditionelles, einfaches, aber wohlschmeckendes Gericht aus der Gegend um Haslach. Früher waren die Leinölerdäpfel mit Salat eine Hauptmahlzeit. Das Gericht eignet sich aber durchaus auch als Beilage, zum Beispiel zu gekochtem Rindfleisch.
Es gibt verschiedene Varianten mit Schlagobers, mit Sauerrahm, mit rohen Erdäpfeln usw. Dieses Rezept ist wohl eines der ursprünglichsten.

Gesottener Kas

¼ l Milch
¼ kg Topfen
(Bröseltopfen oder Bauerntopfen,
Molkereitopfen ist zu feucht)
1 Esslöffel Butter
1 gekochter Eidotter
Salz

Milch mit Salz aufkochen.
Den Topfen dazubröseln.
Unter ständigem Umrühren aufkochen.
Dann den Topfen abseihen.
Butter schaumig rühren und den gekochten Eidotter untermengen.
In den Abtrieb den noch warmen, gekochten Topfen einmengen.
Gut verrühren. Kalt stellen.

Durch das Kochen bekommt der Topfen eine andere Konsistenz, er wird eher speckig. Dieser Aufstrich war ein wichtiger Bestandteil der Jause.

Erdäpfelkas

100 g Butter
½ kg mehlige Erdäpfel, gekocht, passiert
150 g Zwiebel, fein geschnitten
1 Knoblauchzehe, fein gehackt
1 Kaffeelöffel Salz (nur wenn die Erdäpfel nicht gesalzen waren)
etwas Muskatnuss
150 g Sauerrahm

Butter mit Zwiebel, Knoblauch und den Gewürzen schaumig rühren.
Mit den restlichen Zutaten vermischen und kurz abrühren.
Die Erdäpfel sollen noch lauwarm sein, damit sie sich gut mit der Butter vermischen.

Diese Version des Erdäpfelkas ist eine sehr feine. Oftmals findet man Rezepte mit kalten, geriebenen Erdäpfeln, wobei ich das von mir angeführte nach vielen Kostproben als eleganter empfinde.
Sie können auch Leinöl in den Erdäpfelkas geben.

Gebackener Kas

600 g Bröseltopfen
3 Eier
1 Esslöffel Sauerrahm
Salz, Pfeffer
3 Esslöffel griffiges Mehl
1 Esslöffel Dinkelkleie
Butter, Brösel
Schnittlauch

Topfen an einem warmen Ort zugedeckt stehen lassen, damit er sauer wird.
Bei etwa 20 °C dauert es 2 bis 4 Tage.
Dabei immer wieder umrühren, damit der Topfen gleichmäßig reift.
Eier schaumig schlagen.
Mit Sauerrahm, Gewürzen und Topfen vermischen.
Das Mehl und die Dinkelkleie einarbeiten.
Eine Rein oder kleine Auflaufförmchen mit Butter ausstreichen und ausbröseln.
Die Topfenmasse einfüllen und bei 170 °C ca. 30 Minuten backen.
Anrichten mit Schnittlauch.

Sparen Sie beim Anrichten nicht mit frischem Schnittlauch, dieser macht das Gericht erst so richtig zu einem Genuss.

Ziegerlkas

½ kg Bröseltopfen
etwas Salz, Kümmel
ca. ¼ l Bier

Topfen mit den Gewürzen glatt und geschmeidig durchkneten. Danach kleine Rollen formen und davon Scheiben abschneiden. Die Scheibchen auf einem Brett oder Teller aufrecht hinstellen und an einem luftigen, nicht zu warmen Ort trocknen lassen (ca. 1 bis 2 Tage).
Danach die Scheibchen in ein tiefes Blech geben und sparsam mit Bier befeuchten. Zugedeckt an einem warmen Ort reifen lassen. Das Beträufeln mit Bier täglich wiederholen.
Nach etwa 1 bis 1 ½ Wochen ist der Käse fertig.
Es hat sich eine glasige, runzelige Rinde gebildet, innen ist der Käse weiß und bröselig.

Der Name Ziegerlkas stammt nicht von dem Tier, sondern von der Form des Käses – kleine Ziegel. Dieser Käse ist herrlich würzig, deftig, schmeckt hervorragend mit etwas Zwiebel oder leicht gewärmt auf einem Schwarzbrot. Lassen Sie sich nicht von dem intensiven Geruch abschrecken, er riecht stärker als er schmeckt.

Suppen

Die Suppe war und ist ein wichtiger Bestandteil des täglichen Speiseplans. Mancherorts wird noch heute zum Frühstück die saure Suppe aufgetischt, in die man Brot einbrockt. Diese Suppe war früher stets die erste Mahlzeit des Tages.

Selchsuppe ohne …

1 l Selchsuppe (siehe Basisrezepte)
¼ l Sauerrahm
2 Esslöffel Mehl
Kümmel, Salz, Muskatblüte gemahlen
1 Esslöffel Liebstöckel, gehackt

Suppe mit den Gewürzen aufkochen lassen.
Den mit Mehl versprudelten Sauerrahm einrühren.
Kurz durchkochen und mit Liebstöckel verfeinern.

Als Einlage abgeschmalzene Schwarzbrotschnitten reichen.

… und mit Grieß

1 l Selchsuppe (siehe Basisrezepte)
1 Esslöffel Butter, 4 Esslöffel Grieß
1 kleine Karotte, 1 kleines Stück Sellerie
Kümmel, Salz, Muskatblüte gemahlen
1 Esslöffel Liebstöckel, gehackt, 1 Stange Lauch
2 gekochte Erdäpfel
¼ l Sauerrahm

In einem Topf Grieß in Butter leicht rösten.
Mit Selchsuppe aufgießen.
Karotte und Sellerie fein reiben und mit den Gewürzen zugeben.
Gut verkochen lassen.
Der Grieß quillt dabei auf.
Gut umrühren.
Zur Vollendung den Lauch in Ringe schneiden und mit Liebstöckel untermischen.
Vor dem Servieren die gewürfelten gekochten Erdäpfel und den Sauerrahm einsprudeln. Nicht mehr kochen lassen.

Sie können auch etwas Selchfleisch (von den Rippen) zugeben.
Diese Art der Selchsuppe ist wesentlich üppiger als jene ohne Grieß.
Es ist genau genommen eine Hauptmahlzeit.

Bröselsuppe

4 Esslöffel Weißbrotbrösel
80 g Butter
2 Eier
¾ l Gemüse- oder Hühnerfond
4 Esslöffel Sauerrahm
Salz, Muskatnuss
1 Esslöffel gehackte Petersilie

Brösel in Butter goldbraun anrösten.
Mit Suppe aufgießen.
Gewürze zugeben und die Eier einrühren.
Unter ständigem Rühren aufkochen lassen.
Zum Schluss Sauerrahm einsprudeln.
Nicht mehr kochen lassen und mit Petersilie vollenden.

Durch die Brösel, die in der Suppe aufquellen, wird diese leicht sämig. Das Ausflocken des Eies beim Kochen ist in diesem Fall erwünscht.

Schwarzbrotsuppe

1 l Gemüse- oder Hühnerfond
ca. 4 dicke Scheiben altes Schwarzbrot
(können auch Brösel sein)
etwas Liebstöckel, Petersilie
1 Messerspitze Kümmel
Salz, Muskat
½ l Sauermilch
1 Esslöffel Butter
1 kleine Zwiebel
Schnittlauch

Gewürfelte Zwiebel in Butter anschwitzen.
Brotscheiben oder Brösel zufügen und kurz rösten.
Mit Fond aufgießen, Kümmel zugeben und weich kochen.
Petersilie und Liebstöckel zugeben, würzen.
Sauermilch zugießen und nochmals aufwallen lassen.
Mit einem Pürierstab fein mixen, passieren.
Heiß mit Schnittlauch servieren.

Diese Brotsuppe ist eine feine, elegante Art und eine perfekte Altbrotverwertung. Ursprünglich wurde altes Brot nur mit Kümmelwasser übergossen, verschlagen und mit Speckwürfeln, Sauermilch oder Sauerrahm verfeinert.

Säu'rsuppen

½ l Wasser (besser Gemüsefond oder Hühnersuppe)
Salz, Kümmel, Lorbeerblatt
½ l Sauermilch oder Buttermilch
2 Esslöffel Roggenmehl

Wasser oder Fond mit Gewürzen aufkochen.
Sauer- oder Buttermilch mit Roggenmehl versprudeln und in den kochenden Fond einrühren. Gut durchkochen lassen.

Mit Schwarzbrotschnitten servieren.
Diese Suppe wurde vor allem in der Früh gegessen. Ich empfehle sie im Sommer, da die Sauer- beziehungsweise Buttermilch ein frisch säuerliches Aroma in die Suppe bringt und diese dadurch angenehm leicht wirkt.

Rahmsuppe

½ l Wasser (Gemüsefond)
1 Kaffeelöffel Kümmel
Salz, Pfeffer
¼ l Milch
¼ l Sauerrahm
4 Esslöffel Mehl
1 Spritzer Essig

Wasser (Fond) mit den Gewürzen aufkochen.
Milch, Sauerrahm und Mehl versprudeln.
In das kochende Wasser einrühren.
Kochen lassen.
Mit einem Spritzer Essig vollenden.

Serviert wird die Rahmsuppe mit gerösteten Schwarzbrotschnitten. Die Rahmsuppe ist der gehaltvolle Ableger der Säu'rsuppen und gehörte zu den Standardsuppen am bäuerlichen Tisch.
Wie gehaltvoll die Suppe war, hing davon ab, wie viel Rahm man sich leisten konnte.

Abgetriebene Leberknödel

200 g Kalbs- oder Schweinsleber
60 g Butter
2 Eier
Zitronenschale, Salz
frische Petersilie
1 kleine, fein geschnittene Zwiebel
Brösel

Die Leber wird gekocht.
Auskühlen lassen und mit einem Reibeisen fein reiben.
Butter mit Eiern schaumig rühren und die Leber daruntermischen.
Mit Zitronenschale, Salz und Petersilie würzen.
Die Masse mit Bröseln festigen.
Knödel formen.
In schwach kochende Suppe einlegen und gar ziehen lassen.

Dies ist eine andere Zubereitungsart des Leberknödels, die ebenfalls hervorragend schmeckt und vor allem durch die Zitrone eine besondere Note erhält.

Oafischsuppe

1 l Rahmsuppe (siehe vorhergehendes Rezept)
½ l Essig-Gewürz-Sud (aus Wasser, etwas Essig, Salz, Lorbeerblatt, Pfefferkörnern)
4 Eier
4 Esslöffel Schwarzbrotbrösel
1 Esslöffel Butter

Den Gewürzsud aufkochen lassen.
Am Siedepunkt halten.
Die Eier einzeln in eine Schale schlagen.
Über einen Löffel langsam in den Sud gleiten lassen.
Dabei das Eiweiß vorsichtig um den Dotter hüllen.
Ca. 4 bis 5 Minuten ziehen lassen.
Eier aus dem Sud heben und in Suppenteller geben.
Die Brösel in Butter rösten und über die Eier geben.
Mit heißer Rahmsuppe übergießen.

Der Name stammt von Oa für Ei, das wie ein Fisch im Sud schwimmt. Daher Oafisch.
Der Oafisch ist genau genommen ein poschiertes Ei. Er passt auch hervorragend in eine Brennnesselsuppe oder kann ebenso ohne Suppe auf Spinat mit gerösteten Zwiebeln genossen werden.
Der Oafisch war auch die Leibspeise von Anton Bruckner.

Hauptspeisen

Eine Hauptspeise war durchaus auch ein fleischloses Gericht. Fleisch war in der bäuerlichen Bevölkerung etwas Besonderes und wurde nicht täglich aufgetischt. Frischfleisch stand meist nur am Schlachttag auf dem Speiseplan. Ansonsten wurde es überkocht, gesurt oder geselcht verkocht, da die Möglichkeit einer kühlen Lagerung begrenzt war.

Fisch spielte in der ärmeren Bevölkerung eine untergeordnete Rolle. Lediglich in Klöstern oder Herrenhäusern war Fisch ein fixer Bestandteil der Küche, vor allem an Fasttagen.

Krautfleisch

100 g Zwiebel, in feine Ringe geschnitten
½ kg Schweinefleisch, gewürfelt (Schulter oder Schopf)
½ kg Kraut, in Streifen geschnitten
½ kg rohe Erdäpfel, gewürfelt
1 Esslöffel Paprikapulver
Salz, Pfeffer, Kümmel, Wacholderbeeren, Lorbeerblatt
ca. ½ l Gemüsefond oder Suppe (Wasser)
2 Esslöffel Butterschmalz
1 Esslöffel Petersilie, gehackt
4 Esslöffel Sauerrahm

Zwiebel in Butterschmalz goldbraun rösten.
Das Fleisch zugeben.
Mit 1 Esslöffel Paprikapulver vermischen.
Kurz durchmischen und mit Fond (Wasser) aufgießen.
Gewürze zugeben und zugedeckt ca. 1 Stunde kernweich dünsten.
Dabei achten, dass immer genügend Flüssigkeit im Topf ist.
Danach das geschnittene Kraut sowie die Erdäpfel zugeben.
Alles nochmals ca. 30 Minuten weich dünsten.
Am Ende der Garzeit sollten das Fleisch, das Kraut und die Erdäpfel weich sein.
Es ergibt eine Art Eintopf.
Mit Sauerrahm und Petersilie vollenden.

Dieses Gericht ist ähnlich dem Szegediner Krautfleisch, wobei hier ungesäuertes Kraut und wesentlich weniger Paprika verwendet werden. Zudem werden die Erdäpfel gleich mitgekocht, was durchaus auch praktisch ist.

Schöpsengulasch

200 g Zwiebel, feinwürfelig geschnitten
3 Esslöffel Butterschmalz (Öl)
2 Esslöffel Paprikapulver
½ kg Schöpsernes, gewürfelt (Schulter, Hals)
½ kg Erdäpfel, in mundgerechte Stücke geschnitten
ca. ½ l Gemüsefond oder Suppe (Wasser)
Salz, Pfeffer, Lorbeerblatt, Bohnenkraut
Liebstöckel, Petersilie

Zwiebel in Fett goldbraun rösten.
Paprikapulver zufügen.
Fleisch zufügen.
Gewürze bis auf Liebstöckel und Petersilie zugeben.
Gut vermischen.
Mit Fond aufgießen.
Das Fleisch kernweich dünsten.
Erdäpfel zufügen.
Alles zusammen fertig dünsten.
Mit gehackter Petersilie und Liebstöckel vollenden.

Schöpsernes ist genau genommen Schaffleisch, meist von älteren Tieren. Es ist kräftig im Geschmack. Schneiden Sie einen Großteil des Fetts vor der Zubereitung weg oder verwenden Sie einfach Lammfleisch für dieses Gericht.

Warmer Krautsalat

600 g Kraut
Salz, Kümmel
100 g fetter Bauchspeck
ca. 1/16 l Essig

Kraut in nicht zu feine Streifen schneiden.
Kraut in Salzwasser überbrühen.
Das Wasser wegleeren.
Kraut neuerlich mit etwas Wasser, Salz und Kümmel aufstellen.
Weich dünsten.
Speck würfelig schneiden und in einer Pfanne braten.
Mit Essig ablöschen.
Speck-Essig-Gemisch über den Krautsalat gießen.
Durchmischen und abschmecken.

Der warme Krautsalat ist in der Mühlviertler Küche eine Universalbeilage und wird zu vielen Gerichten gegessen. Ich verwende für Krautsalat gerne das aromatische Spitzkraut. Gießen Sie das erste Kochwasser weg, dann bläht das Kraut etwas weniger.

Schnelles Bratl

4 Scheiben Schweinsbauch
Salz, Pfeffer, Kümmel, scharfer Paprika
1 Knoblauchzehe
1 Zwiebel
8 mittelgroße, speckige Erdäpfel, halbiert

Fleisch mit Salz, Pfeffer, Kümmel, scharfem Paprika und Knoblauch würzen.
Zwiebel in nicht zu dünne Ringe schneiden.
Abwechselnd Fleisch, Erdäpfel und Zwiebel in eine Rein setzen.
Das Fleisch mit der Schwarte nach oben.
Etwas Wasser angießen.
Bei 180 °C ca. 1 ½ Stunden braten.

Dies ist wirklich eine sehr schnelle, würzige und schmackhafte Version eines Bratls. Praktisch ist, dass die Erdäpfel gleich mitgebraten werden. Sie schmecken köstlich, weil sie den Fleischsaft aufsaugen.

Semmelkren

4 altbackene Semmeln
¼ l Hühnersuppe oder Gemüsefond
¼ l Milch
Salz, Muskat, Pfeffer
etwas Safran
1 Esslöffel Butter
2 Esslöffel frisch geriebener Kren
1 Esslöffel Sauerrahm

Semmeln in Scheiben schneiden.
Safran in etwas kaltem Wasser einweichen.
In einem Topf Butter bräunen (siehe Basisrezepte).
Suppe, Milch und die Gewürze dazugeben.
Aufkochen.
Safran zugeben.
Die Semmelscheiben zugeben und verrühren.
Quellen lassen.
Mit einem Kochlöffel oder Schneebesen zu einer sämigen Masse rühren.
Mit Kren und Sauerrahm vollenden.

Semmelkren ist eine beliebte Beilage zu gekochtem Fleisch. Diese Variante mit Milch und Safran ist eine besonders feine, im Alltag wurde meist auf diese Zutaten verzichtet. Wenn Sie Safran verwenden, dann geben Sie die Fäden in kaltes Wasser, damit sich der Geschmack und Farbstoff besser lösen.

Süßes Kraut

600 g Kraut
Salz, Kümmel
2 Esslöffel Butterschmalz (Schweineschmalz)
1 Esslöffel Mehl
1 Kaffeelöffel Paprikapulver
1 Esslöffel Zucker
100 g Zwiebel, fein geschnitten

Kraut in nicht zu feine Streifen schneiden.
Kraut in Salzwasser überbrühen.
Zwiebel in Schmalz goldbraun rösten.
Zucker dazugeben und karamellisieren lassen.
Mit Mehl stauben (vermischen).
Paprikapulver zufügen.
Mit einem Teil des Krautkochfonds aufkochen.
Das überbrühte Kraut und Kümmel zufügen.
Vermischen und weich dünsten.

Im Mühlviertel ist das süße Kraut ein wichtiges Gericht und wird zu vielen Speisen gereicht. Es wurde auch häufig als Hauptgericht mit Erdäpfeln gegessen. Ich verwende dafür gerne eine feste Krautsorte. Oftmals findet man Rezepte ohne Paprika und ohne Zucker, wobei die Bezeichnung „süß" ursprünglich auch von den gerösteten Zwiebeln stammt, da diese beim Rösten ein süßliches Aroma entwickeln.

Schöps mit Rüben

200 g Zwiebel, feinwürfelig geschnitten
3 Esslöffel Butterschmalz (Öl)
2 Esslöffel Mehl
½ kg Schöpsernes, gewürfelt (Schulter, Hals)
½ kg weiße Rüben, in mundgerechte Stücke geschnitten
ca. ½ l Gemüsefond oder Suppe (Wasser)
200 g Sauerrahm
Salz, Pfeffer, Lorbeerblatt, Quendel (Wiesenthymian), Kümmel
Liebstöckel, Petersilie

Zwiebel in Fett goldbraun rösten.
Mehl einrühren.
Mit Fond aufgießen.
Fleisch zufügen.
Gewürze bis auf Liebstöckel und Petersilie zugeben.
Gut vermischen.
Das Fleisch kernweich dünsten.
Rüben schälen und in mundgerechte Stücke schneiden.
Zufügen.
Alles zusammen fertig dünsten.
Mit gehackter Petersilie, Liebstöckel und Sauerrahm vollenden.

Anstatt des Schöpsernen können Sie auch Lammfleisch verwenden. Im Frühjahr können Sie auf die weißen Mairüben zurückgreifen. Im Herbst und Winter verwenden Sie die klassische große weiße Rübe, die etwas ausgeprägter im Geschmack ist als die Mairüben. Zum Verfeinern passt auch wunderbar etwas geriebene Zitronenschale. Das gibt dem Gericht eine feine, frische Note.

Topfenlaibchen

½ kg mehlige Erdäpfel, gekocht und passiert
¼ kg Bröseltopfen
150 g Roggenmehl
1 Ei
1 Messerspitze Salz
1 Esslöffel Butterschmalz zum Braten

Alle Zutaten zu einem geschmeidigen Teig vermischen.
Kleine Laibchen formen.
In Butterschmalz braten.

Diese Laibchen wurden sowohl süß als auch sauer serviert. Entweder mit Salat, mit Zwetschkenröster oder nur gezuckert. Wenn Sie beabsichtigen, die Laibchen sauer zu servieren, dann würzen Sie diese mit Salz, Pfeffer und Muskat sowie gehackter Petersilie.

Erdäpfelkrapfen

200 g mehlige Erdäpfel, gekocht und passiert
¼ kg Mehl
1 Messerspitze Salz
50 g braune Butter (siehe Basisrezepte)
3 Eier
20 g Germ, aufgelöst in etwas Zucker
150 ml warme Milch
Fett zum Backen

Alle Zutaten in einem Rührkessel vermischen.
Zu einem geschmeidigen Teig kneten.
Ist der Teig zu trocken, etwas Milch zufügen (hängt von der Feuchtigkeit der Erdäpfel ab).
Zugedeckt ca. 1 ½ Stunden aufgehen lassen.
Ca. 2 cm dick ausrollen.
Rund ausstechen.
Nochmals zugedeckt auf einer bemehlten Fläche gehen lassen.
Die Krapfen im heißen Fett goldbraun backen.
Heiß servieren.

Die Erdäpfelkrapfen wurden sowohl süß als auch sauer serviert.

Nudelhenne

1 Huhn, ca. 1 ½ kg
Suppengemüse (Sellerie, Petersilienwurzel, Karotte)
200 g Zweckerl, gekocht (siehe Nudelrezepte)
½ Esslöffel gehackte Petersilie und Liebstöckel gemischt
etwas Zitronenschale
Salz, Muskatblüte
1 Esslöffel Butter
1 Esslöffel Schnittlauch

Das ganze Huhn in kaltem Wasser ansetzen (siehe Basisrezepte).
Wenn das Huhn weich gekocht ist, aus der Suppe nehmen.
Fleisch von den Knochen lösen und warm halten.
Suppe abseihen und abschmecken.
Kräuter und Zitronenschale zugeben.
Die Zweckerl in Butter schwenken.
Das Gemüse in Scheiben schneiden.
Fleisch zusammen mit Gemüse und Zweckerln in einem tiefen Teller anrichten.
Mit etwas heißer Suppe übergießen.
Mit Schnittlauch vollenden.

Dieses Gericht war Suppe und Hauptspeise zugleich. Es ist einfach gekocht, da es beim Suppenkochen mitproduziert wird. Es bedarf lediglich der Zugabe von etwas mehr Gemüse. Dieses Gericht wurde traditionell immer aus einem alten Huhn (Suppenhenne) zubereitet.
Der Name stammt davon ab, dass zu dem ausgelösten Hühnerfleisch viele Nudeln gegessen wurden. Welche Nudeln dabei verwendet wurden, hing davon ab, was im Haus verfügbar war.

Erdäpfelzelten

¼ kg mehlige Erdäpfel, gekocht, passiert und ausgekühlt
150 g Roggenmehl
1 Messerspitze Salz
1 Messerspitze Backpulver
2 Esslöffel braune Butter (siehe Basisrezepte)

Erdäpfel, Mehl, Salz und Backpulver zu einem Teig verkneten.
½ cm dick ausrollen.
In Dreiecke schneiden.
Auf ein Blech legen.
Im Rohr bei 170 °C backen.
Vor dem Servieren mit brauner Butter bestreichen.

Als Zelten bezeichnete man im Mühlviertel flaches Gebäck. Diese Erdäpfelzelten wurden oft mit Sauerkaut gereicht. Auch mit geriebenem Mohn und Zucker bestrichen sind sie eine herzhafte Speise. Das Backpulver im Teig lockert die Zelten ein wenig.

Hecht mit Sardellen und Speck

8 Scheiben vom geschuppten Hecht, ca. 1 ½ cm dick
8 Sardellenfilets
4 Scheiben fetter, geräucherter Spickspeck (Krautspeck), kleinwürfelig geschnitten
¼ l Schlagobers
2 Esslöffel Sauermilch
etwas Mehl
Zitronenschale
je 1 Esslöffel gehackte Petersilie und Estragon
Salz

Die Hechtscheiben salzen und etwas einziehen lassen.
Speck in einer Pfanne auslassen und die Speckgrammeln aus dem Fett heben.
Die Hechtscheiben in Mehl wenden.
Hechtscheiben in dem Speckfett beidseitig anbraten.
Überschüssiges Fett wegleeren.
Die fein gehackten Sardellen zugeben und mit Obers aufgießen.
Aufkochen lassen und die Zitronenschale sowie die Kräuter zufügen.
Sauermilch mit etwas Mehl absprudeln und in die Sauce einrühren.
Die Hechtscheiben einlegen und gar ziehen lassen.

Diese Art der Hechtzubereitung ist äußerst herzhaft. Als Beilage wurde oftmals nur gebähtes Schwarzbrot gereicht. Hecht gab es meist nur am Markt oder bei jenen Familien, die ein Fischrecht hatten. Er zählte zu den edlen Fischen.

Karpfen in böhmischer Sauce

600 g Karpfenfilet, geschröpft, mit Haut
1 Zwiebel, 150 g gemischtes Wurzelwerk
(Karotten, Petersilienwurzeln, Sellerie)
1/8 l dunkles Bier, 1/8 l Gemüsefond, 1/16 l milder Essig
1 Esslöffel Walnusskerne
Schale von ½ Zitrone
3 Nelken, 6 Körner Piment, Pfeffer, Salz
1 Esslöffel Lebkuchenbrösel
1 Esslöffel Schwarzbrotbrösel
1 Mokkalöffel Bohnenkraut
1 Mokkalöffel Estragon und Petersilie gemischt
1 Esslöffel Butter

Wurzelwerk in Scheiben schneiden.
Zwiebel in Ringe schneiden.
Wurzelwerk und Zwiebel in Butter anschwitzen.
Die gemörserten Gewürze und Walnüsse zugeben.
Mit Bier und Gemüsefond aufgießen und weich kochen lassen.
Den Essig zugeben und nochmals aufkochen.
Zitronenschale sowie die Kräuter beimengen.
Die Karpfenfilets mit Salz und Pfeffer würzen und mit der Hautseite nach unten in den Sud legen.
Die Karpfenfilets sollen aus dem Sud ragen.
Die Brösel mischen und damit die Filets bestreuen.
Den Fisch mit dem Sud im Rohr bei 200 °C fertig garen.
Die Brösel sollen dabei leicht bräunen.
Den Fisch mit den Bröseln aus dem Sud heben.
Mit Gemüse und Sauce anrichten.

Dieses Rezept ist eine äußerst schmackhafte Variante. Sie können das Gemüse mit der Sauce auch passieren. Als Beilage wurden böhmische Knödeln oder Salzerdäpfel gereicht. Der Karpfen war einer der wenigen Fische, die sich immer wieder auf dem Speiseplan fanden. Verwenden Sie geschröpfte Karpfenfilets, diese sind fast grätenfrei.

Nudeln

Nudeln sind in allen Küchen der Welt zu finden. Die unterschiedlichen Grundzutaten, Formen und Zubereitungsweisen ließen eine Vielfalt an Nudelarten entstehen. Auch im Mühlviertel gab es eine Vielzahl von Nudeln, die jedoch leider stark von den „klassischen“ Nudeln verdrängt wurden.

Nudeln selbst zu kochen, bedeutet immer ein Mehr an Aufwand, der besondere Geschmack entschädigt aber allemal.

Topfennudeln

200 g Topfen
60 g Butter
2 Eier
2 Dotter
20 g Germ
2 Esslöffel Zucker
400 g Mehl
1 Prise Salz
Fett zum Backen

Germ mit Zucker verbröseln, damit er sich verflüssigt.
Aus den gesamten Zutaten einen Teig kneten.
Gut 1 ½ Stunden aufgehen lassen.
Zusammenschlagen und kleine Rollen formen.
Von den Rollen kleine Stücke abstechen.
Zu kleinen Nudeln formen.
Im heißen Fett schwimmend goldbraun backen.
Mit Staubzucker bestreuen.

Topfennudeln sind eine schmackhafte Spezialität, die vor allem in der Gegend rund um Freistadt bekannt war. Serviert wurden sie meist mit Kompott.

Mohnnudeln

1 kg mehlige Erdäpfel
¼ kg Mehl
100 g Butter
50 g Mohn
Staubzucker

Erdäpfel schälen.
Weich kochen.
Passieren und Mehl über die Erdäpfel sieben.
Zugedeckt 20 Minuten ausdämpfen lassen.
Die Masse auf eine bemehlte Arbeitsfläche geben.
Rasch zu einem glatten Teig abarbeiten.
Rollen formen.
Stücke abstechen und Nudeln formen.
In Butter braten oder in eine Rein schlichten
und im Rohr braten.
Mit gequetschtem Mohn, flüssiger Butter und Staubzucker
bestreuen.

Mohnnudeln sind eine typische Spezialität des Mühlviertels. Sie können dafür auch den Teig der Sterznudeln, Zweckerln oder Erdäpfelnudeln verwenden. Welcher Teig verwendet wurde, war auch früher von den eigenen Vorlieben abhängig.

Sterznudeln

5 l Salzwasser
¾ kg glattes Mehl

Wasser kochen.
Mehl einsieben, dabei nicht umrühren.
Mit einem Kochlöffel Löcher in das Mehl stechen.
Gut 20 Minuten kochen lassen.
Das Wasser abseihen.
Den Mehlklumpen auf einer bemehlten Arbeitsfläche rasch abarbeiten.
Vorsicht heiß!
Rollen formen.
Stücke abstechen und Nudeln formen.
In Butter braten oder in Salzwasser nochmals kochen.

Die Produktionsart dieser Nudeln scheint etwas eigenartig, dennoch gelingt der Teig gut.
Sterznudeln wurden sowohl sauer als auch süß serviert.

Topfenfleckerl

Fleckerl:
400 g glattes Mehl
4 Eier
etwas Wasser
1/16 l Leinöl

Aus den Zutaten einen festen Teig kneten.
1 Stunde rasten lassen.
Dünne Teigflecke ausrollen.
In mundgerechte Stücke schneiden.
In Salzwasser kochen.
Abseihen und weiterverwenden.

Topfen:
100 g Butter
1 Zwiebel, fein geschnitten
200 g Bröseltopfen
Salz, Pfeffer, Kümmel
Schnittlauch

Zwiebel in Butter anschwitzen.
Den Topfen dazugeben.
Würzen.
Nur kurz durchrühren, sodass der Topfen nur warm wird.
Mit den Nudelblättern vermischen.
Mit Schnittlauch bestreuen.

In der Originalrezeptur wurden die Fleckerl schichtweise mit Topfen und Sauerrahm in eine Schüssel gegeben und mit heißen Speckwürfeln und Fett übergossen.
Dieses Gericht ist ideal für den Sommer, da der Topfen eine frische, säuerliche Note in die Speise bringt. Genießen Sie die Speise mit einem Salat.

Zwigspitzte Nudeln

400 g mehlige Erdäpfel (Agria), gekocht
¼ kg griffiges Mehl Type 480
1 Esslöffel Grieß
1 Esslöffel Erdäpfelstärkemehl oder Maizena
2 Eier
Butter zum Schwenken

Erdäpfel kochen, schälen, pressen.
Mit den restlichen Zutaten schnell zu einem glatten Teig verarbeiten.
Rollen formen und kleine Stücke abstechen.
Aus den Teigstücken mit der Handfläche kleine Nudeln formen.
Die Nudeln sollen beidseitig spitz zulaufen.
In leicht gesalzenem Wasser kochen.
Wenn sie obenauf schwimmen, abseihen.
In Butter schwenken und beliebig weiterverwenden.

Variante mit Mohn

25 g geriebener Mohn
2 Esslöffel Honig
2 Esslöffel Wasser
1 Esslöffel braune Butter (siehe Basisrezepte)
Staubzucker

Honig mit Wasser verflüssigen.
In der braunen Butter die Nudeln schwenken.
Honigwasser zugeben.
Mit Mohn bestreuen und durchmischen.
Anrichten und mit Staubzucker bestreuen.

Die Nudeln können als Beilage, als Hauptgericht und als Dessert gereicht werden.
Der Name bezieht sich auf die Form und bedeutet Nudeln mit zwei Spitzen.

Erdäpfelnudeln

Nudeln:
400 g mehlige Erdäpfel (Agria), gekocht
200 g griffiges Mehl Type 480
1 Esslöffel Grieß
1 Ei
Muskat
Butter zum Braten

Guss:
½ l Sauermilch
Salz, Schnittlauch

Erdäpfel kochen, schälen, pressen.
Mit den restlichen Zutaten schnell zu einem glatten Teig verarbeiten.
Man formt daumendicke Nudeln und brät diese in Butter rundherum an.
Dann schlichtet man die Nudeln in eine Rein.
Bei 170° Grad ca. 20 Minuten backen, bis sie ein wenig Farbe bekommen.
Nudeln mit gesalzener Sauermilch übergießen.
Weitere 5 Minunten backen.
Vor dem Servieren mit Schnittlauch bestreuen.

Milifleck

400 g glattes Mehl
4 Eier
etwas Wasser
1/16 l Leinöl
¾ l Milch
1 Esslöffel Goldmelissenblätter (rote Blüten)
150 g Zucker
100 g braune Butter (siehe Basisrezepte)
2 Esslöffel Grieß
Staubzucker

Aus Mehl, Eiern, Wasser und Leinöl einen festen Teig kneten.
1 Stunde rasten lassen.
Dünne Teigbahnen ausrollen.
Milch mit Goldmelissenblättern aufkochen.
Auf 1/3 der ursprünglichen Flüssigkeit einkochen lassen.
Eine Rein mit Butter auspinseln.
Nudelteigbahn in die Rein geben.
Mit Butter bestreichen.
Mit Zucker und Grieß bestreuen.
Schichtweise so weiter fortfahren.
Mit der eingekochten Goldmelissenmilch übergießen.
Bei 160 °C ca. 45 Minuten garen.
Stücke herausstechen und mit Staubzucker bestreuen.

Dieses Gericht ist eine Art süße Lasagne, wobei die Zutaten sehr schlicht sind. Aufgrund der Goldmelisse schmeckt diese Speise sehr fein aromatisch. Früher wurde den Kindern, damit sie besser schlafen, Goldmelissenmilch gereicht. Diese hatte, anders als beim Mohn, eine positive Wirkung.

Nudel-Kranzl

400 g glattes Mehl
4 Eier
etwas Wasser
1/16 l Leinöl
Milch
Fett zum Ausbacken
Zucker, Zimt

Aus Mehl, Eiern, Wasser und Leinöl einen festen Teig kneten.
1 Stunde rasten lassen.
Dünne Teigflecke ausrollen.
Mit Mehl bestreuen und zusammenrollen.
Mit einem Messer dünne Nudeln abschneiden.
Die Nudeln in ganz wenig Milch dicklich einkochen.
Milch ableeren.
Den „Nudel-Brei“ auf eine bemehlte Fläche geben.
Vorsichtig fingerdick ausrollen.
Mit einem runden Ausstecher „Kränze“ ausstechen.
Im heißen Fett goldgelb backen.
Abtropfen und in einem Zucker-Zimt-Gemisch wälzen.

Die Zubereitungsart erscheint etwas eigenartig.
Das Ergebnis ist aber sehr schmackhaft und lohnenswert.

Zweckerl

¼ kg glattes Mehl
2 cl Öl, 1/8 l warmes Wasser

Alle Zutaten glatt und geschmeidig abarbeiten.
Ca. 1 Stunde zugedeckt rasten lassen.
Aus dem Teig dünne längliche Rollen formen.
Mit einer Teigkarte kleine Stücke abstechen (abzwicken – Zweckerl).
In Wasser einkochen, kochen, bis sie obenauf schwimmen.
Abseihen, nicht schwemmen und gleich mit der zubereiteten Zutat vermischen.

Süß mit Äpfeln

4 kinderfaustgroße Äpfel (säuerlich und festkochend)
1 Messerspitze Anis, Mark von ½ Vanilleschote
4 Esslöffel Zucker, 1 Esslöffel Butter
etwas Zitronenschale, Hagelzucker

Äpfel schälen, entkernen, in 1 x1 cm große Würfel schneiden.
Zucker karamellisieren.
Butter, Äpfel und Gewürze zugeben.
Dünsten lassen.
Der gelbliche Apfel muss sich karamellbraun färben.
Die entstandene Flüssigkeit rasch einkochen.
Die Äpfel sollen jedoch nicht zerfallen.
Zweckerl beimengen und durchschwenken.
Mit Hagelzucker bestreuen.

Zweckerl eignen sich sowohl als Süßspeise als auch als pikantes Nudelgericht, warm oder kalt. Wenn Ihnen Strudelteig vom „Abrandln" übrig bleibt, so verwenden Sie diesen für die Zweckerl, ansonsten bereiten Sie wie angegeben einen festen Strudelteig zu. Die rohen Nudeln können Sie auf einem Blech einfrieren und nach dem Frostvorgang in einen Sack füllen. So haben Sie auf Vorrat selbst gemachte Mühlviertler Nudeln.

Maultaschen

¼ kg glattes Mehl
2 cl Öl
1/16 l warmes Wasser
1 ½ große Zwiebeln
3 Esslöffel Grieß
1 Esslöffel Schweineschmalz
1 Esslöffel gehackte Petersilie
gut 1/8 l Rindsuppe
Salz, Muskat
braune Butter zum Schwenken
1 Kaffeelöffel Brösel, trocken geröstet

Aus Mehl, Öl und Wasser Strudelteig kneten.
Zwiebel in kleine Ringe schneiden.
In Schmalz goldgelb rösten.
Grieß drüberstreuen.
Mit Rindsuppe aufgießen, dick einkochen.
Ziehen lassen.
Würzen und mit Petersilie vollenden.
Auf Zimmertemperatur abkühlen.
Strudelteig nicht zu dünn ausrollen.
In 10 cm breite Streifen schneiden.
Fülle mittig im Abstand von 2 cm daraufsetzen.
Wo die Ränder der Taschen sein werden, den Teig mit gesprudeltem Ei bestreichen.
Teig der Länge nach über die Fülle klappen.
Mit einem Kochlöffel andrücken, mittels Teigrad abtrennen.
Taschen im Salzwasser zuerst köcheln, dann simmern lassen.
Nach schwach 10 Minuten herausnehmen.
Abtropfen, in brauner Butter schwenken.
Mit Bröseln bestreuen.

Maultaschen oder Ravioli kommen überall vor. Unterschiede finden sich in der Fülle und im Teig. Bei den Mühlviertler Maultaschen wird Strudelteig verwendet. Die Grießfülle beginnt während des Kochvorgangs aufzuquellen. Der Name Maultaschen geht auf ihre Größe zurück, da sie als ein Bissen ins „Maul", den Mund, passen.

Selbachtnudeln

400 g Mehl
50 g Buttersaures (siehe Basisrezepte)
200 ml heißes Wasser
½ l Sauermilch
Salz
Schnittlauch

Mehl mit Buttersaurem vermischen.
Heißes Wasser zugeben.
Rasch verkneten.
Es soll ein mittelfester Teig entstehen.
Eine Rolle formen und Stücke abstechen.
Aus den Stücken fingerlange Nudeln formen.
In Salzwasser überbrühen.
In eine gebutterte Rein setzen.
Bei 170 °C 20 Minuten backen.
Mit gesalzener Sauermilch übergießen. Stocken lassen.
Mit Schnittlauch servieren.

Oftmals wurden die Nudeln nach dem Stocken der Milch aufgelockert und ähnlich einem Schmarren auf den Tisch gebracht.
Es gab auch eine süße Variante mit Äpfeln.
Selbacht oder Söbern ist der alte Ausdruck für Sauermilch.

Roggene Nudeln

¼ kg Roggenmehl
1 Ei
⅛ l Wasser
1 Esslöffel Butter
etwas Salz
etwas Milch

Aus Mehl, Ei und Wasser einen Teig bereiten.
Rasten lassen.
Rollen formen.
Stücke abstechen und mit der Handfläche lange Nudeln rollen.
In Salz-Milch-Wasser einkochen und in Butter abschmalzen.
Die Nudeln beliebig weiterverwenden.

Roggenmehl war früher leichter verfügbar als Weizenmehl, daher wurde es für viele Gerichte verwendet. Ungewöhnlich sind die dunkle Farbe der Nudeln sowie der leicht brotige Geschmack.

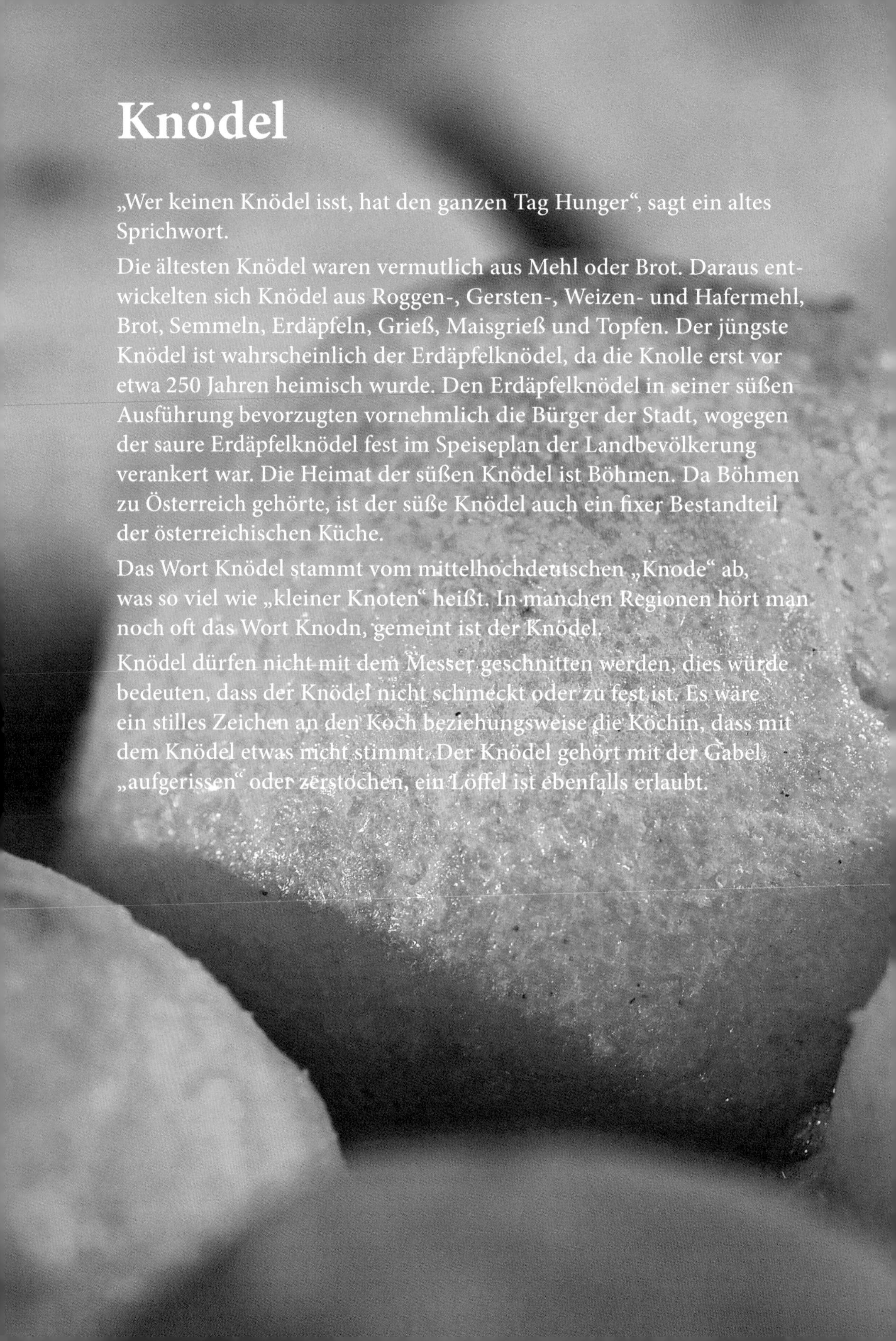

Knödel

„Wer keinen Knödel isst, hat den ganzen Tag Hunger", sagt ein altes Sprichwort.

Die ältesten Knödel waren vermutlich aus Mehl oder Brot. Daraus entwickelten sich Knödel aus Roggen-, Gersten-, Weizen- und Hafermehl, Brot, Semmeln, Erdäpfeln, Grieß, Maisgrieß und Topfen. Der jüngste Knödel ist wahrscheinlich der Erdäpfelknödel, da die Knolle erst vor etwa 250 Jahren heimisch wurde. Den Erdäpfelknödel in seiner süßen Ausführung bevorzugten vornehmlich die Bürger der Stadt, wogegen der saure Erdäpfelknödel fest im Speiseplan der Landbevölkerung verankert war. Die Heimat der süßen Knödel ist Böhmen. Da Böhmen zu Österreich gehörte, ist der süße Knödel auch ein fixer Bestandteil der österreichischen Küche.

Das Wort Knödel stammt vom mittelhochdeutschen „Knode" ab, was so viel wie „kleiner Knoten" heißt. In manchen Regionen hört man noch oft das Wort Knodn, gemeint ist der Knödel.

Knödel dürfen nicht mit dem Messer geschnitten werden, dies würde bedeuten, dass der Knödel nicht schmeckt oder zu fest ist. Es wäre ein stilles Zeichen an den Koch beziehungsweise die Köchin, dass mit dem Knödel etwas nicht stimmt. Der Knödel gehört mit der Gabel „aufgerissen" oder zerstochen, ein Löffel ist ebenfalls erlaubt.

Mohnknödel sauer

1 kg Erdäpfelteig für gebackene Knödel (siehe Basisrezepte)
8 Speckwürfel, 1 x 1 cm groß, möglichst fett
8 Esslöffel Mohn
8 Esslöffel Suppe
1 Esslöffel Butter
etwas Salz, wenig Zucker
Butterschmalz (Schweineschmalz) zum Wälzen

Butter bräunen (siehe Basisrezepte) und mit Suppe aufgießen.
Mohn dazugeben und cremig einkochen.
Mit Salz und etwas Zucker würzen.
Teig in 16 Teile teilen und auseinanderdrücken.
Etwas Mohnfülle daraufgeben und einen Speckwürfel daraufsetzen.
Den Teig über die Fülle schlagen.
In flüssigem Butterschmalz (Schweineschmalz) wälzen.
In eine Rein setzen.
Bei 180 °C goldbraun backen.

Mit Rübenkraut oder Krautsalat anrichten.
Die Fülle mutet zwar etwas ungewöhnlich an, schmeckt aber herzhaft und passt wunderbar in die kalte Jahreszeit.

Mehlknödel …

… ohne Erdäpfel …

¼ kg Roggenmehl
Selchsuppe oder anderer Fond
Salz

Mehl linden – ohne Fett in einem Topf leicht rösten.
Salzen und mit so viel Suppe vermengen, dass sich ein Knödel formen lässt.
Knödel formen und in Suppe oder Salzwasser einkochen.

… oder mit Erdäpfeln

150 g Roggenmehl
150 g Erdäpfel, gekocht und passiert
etwas Salz

Mehl mit den Erdäpfeln zu einem Teig verkneten. Ist der Teig zu feucht, noch etwas Mehl zugeben. Knödel formen und in Salzwasser einkochen.

Ob die Knödel nun nur mit Mehl oder gemischt mit Erdäpfeln zubereitet werden, ist Geschmackssache. Die Variante ohne Erdäpfel ist eine sehr rustikale, aber nicht minder schmackhafte Beilage, die vor allem, weil sie innen noch „staubig“ sein muss, den herrlichen Schweinsbratensaft wunderbar aufsaugt.

Fischknödel

350 g ausgelöstes Fischfleisch vom Karpfen oder Hecht
100 g Butter
2 Semmeln, in Milch eingeweicht
2 Eier
Zwiebel
reichlich Petersilie, Muskatnuss, Majoran
Salz
Semmelbrösel nach Bedarf

Butter mit Eiern schaumig rühren.
Das Fischfleisch faschieren.
Zum Butterabtrieb mischen.
Mit den anderen Zutaten vermischen.
Nach Bedarf mit Semmelbröseln festigen.
In kochendem Salzwasser oder verdünntem Fischfond einkochen.

Die Knödel werden mit Schnittlauch oder in Rahmsauce, die mit Pfeffer und Safran gewürzt ist, angerichtet.
Das Rezept stammt aus dem 18. Jahrhundert und beweist, dass man in Oberösterreich auch in der Fastenzeit die Knödel nicht missen wollte.

Erdäpfelknödel

½ kg mehlige Erdäpfel, gekocht und passiert
2 Dotter
1 Esslöffel braune Butter (siehe Basisrezepte)
200 g griffiges Mehl
etwas Salz

Alle Zutaten rasch zu einem geschmeidigen Teig verarbeiten.
Knödel formen.
In Salzwasser einkochen.

Erdäpfelknödel wurden in verschiedenen Varianten angeboten.
Diese ungefüllte Art wird als Beilage gereicht.

Gebackene Grammelknödel

Erdäpfelteig für gebackene Knödel (siehe Basisrezepte)
¼ kg Grammeln, fertig ausgelassen und knusprig
Salz, Kümmel
2 Esslöffel Schmalz
2 – 4 Esslöffel Sauerrahm
Schnittlauch

Grammeln hacken und mit Salz und Kümmel vermischen.
Kleine Knödel formen und kalt stellen.
Erdäpfelteig in kleine Stücke schneiden.
Auf die Erdäpfelteigstücke die kalt gestellte Grammelfülle verteilen.
Den Erdäpfelteig um die Grammelmasse zusammenschlagen.
Knödel formen.
In eine Rein das flüssige Schmalz geben.
Die Knödel in Schmalz wenden und nebeneinandersetzen.
Bei 170 °C ca. 40 Minuten backen.
Die Knödel sollen goldbraun sein.
Mit versprudeltem Sauerrahm begießen und mit Schnittlauch bestreuen.

Gebackene Grammelknödel sind ein sehr beliebtes Gericht, speziell in der kalten Jahreszeit.
Wenden Sie die Knödel, bevor sie diese in die Rein setzen, in Fett, dadurch kleben sie nicht aneinander und können leichter aufgeteilt werden.

Selchgrießknödel

300 g Grieß
1 ½ altbackene Semmeln, kleinwürfelig geschnitten
1 Esslöffel Butter
Salz, Muskat
Selchsuppe (siehe Basisrezepte)

Semmelwürfel in Butter rösten.
Grieß mit den Gewürzen und den Semmelwürfeln vermischen.
Zwei Schöpfer heiße Selchsuppe darübergießen und gut vermischen.
Quellen lassen.
Knödel formen und in der Selchsuppe einkochen.

Der Selchgrießknödel mit warmem Krautsalat und Geselchtem ist das oberösterreichische Nationalgericht. Charakteristisch für diesen Knödel ist, dass er gemeinsam mit dem Fleisch gekocht wird.

Eckige Zwetschkenknödel

Erdäpfelteig für gebackene Knödel (siehe Basisrezepte)
16 Zwetschken
¼ l Sauerrahm
50 g Zucker
4 Eier
2 Esslöffel Butter

Erdäpfelteig zubereiten.
Teig in kleine Stücke schneiden.
Zwetschken waschen, entkernen.
Auf die Erdäpfelteigstücke die Zwetschken geben.
In den Teig einschlagen.
In einer Rein Butter zergehen lassen.
Die Knödel darin wenden und nebeneinander in die Rein setzen.
Bei mittlerer Hitze backen.
Gegen Ende der Garzeit Rahm, Zucker und Eier versprudeln.
Über die Knödel gießen.
Stocken lassen.
Anzuckern und servieren.

Als „eckig" wurden diese Zwetschkenknödel bezeichnet, weil sie eng nebeneinander in eine Rein geschlichtet wurden. Dadurch bekamen sie ihre eckige Form. Sie können anstatt des Kerns in die Zwetschken einen Würfelzucker oder etwas Marzipan geben.

Schwemmknödel

100 g Butter
2 Eier
200 g Grieß
Muskatnuss, Salz
1 Esslöffel Wasser

Butter mit Eiern schaumig rühren.
Die restlichen Zutaten untermischen.
Rasten lassen.
Knödel formen und in Salzwasser oder Selchsuppe einkochen.
Kochen lassen, danach vom Herd ziehen und 20 Minuten quellen lassen.

Schwemmknödel wurden meist als Beilage gereicht. Der Name stammt von aufschwemmen, aufquellen. Die Knödel sind genau richtig, wenn sie in der Mitte noch einen kleinen, festen Kern haben.

Ko

Als Ko wurde meist alles Gekochte, Breiartige bezeichnet. Dieses konnte sowohl süß als auch sauer sein. Überwiegend bestand es aus Getreide wie Hirse, Hafer oder Weizen, es konnte jedoch ebenfalls aus Innereien, Fleisch, Fisch oder Gemüse gemacht sein. Das Ko wurde warm und kalt gegessen. Mancherorts wurde es auch in Schmalz gebacken. Eine Weiterentwicklung des Ko war das aufglaufene Ko. Eine Art Auflauf, Pudding oder Soufflé.

Aufglaufenes Rahmko

30 g braune Butter (siehe Basisrezepte)
2 Dotter
1 Esslöffel Zucker
1 Esslöffel Sauerrahm
2 Esslöffel griffiges Mehl
½ Kaffeelöffel Vanillepuddingpulver
2 Eiklar, zu Schnee geschlagen
Vanille
Schale von ½ Zitrone
Butter und Zucker für die Förmchen

Dotter mit Zucker schaumig rühren.
Sauerrahm, Vanille und Zitronenschale untermischen.
Braune Butter rasch einmengen.
Eischnee mit dem Mehl unterheben.
In gebutterte, mit Zucker ausgestreute Förmchen füllen.
In einem Topf mit etwas Wasser zugedeckt ca. 15 Minuten köcheln lassen.

Dies ist ein herrlich luftiger Auflauf. Traditionell wurde das Rahmko in einer großen Form gegart und zu Tisch gebracht.

Lumplko

400 g Beuschel ohne Herz (vom Lamm oder Kalb)
2 Esslöffel Butter
200 g Grieß
¾ l Beuschelfond (entsteht beim Kochen)
1 Zwiebel
1 Knoblauchzehe
2 Sardellenringe
Schale von ½ Zitrone
Bohnenkraut, Liebstöckel, Petersilie
1 Karotte
¼ Sellerie
Salz, Pfeffer, Muskatblüte

Beuschel mit 1 l Wasser, Salz, Pfeffer und Muskatblüte aufstellen.
Karotte und Sellerie zugeben.
Weich kochen, ca. 1 bis 1 ½ Stunden.
Beuschel herausnehmen und abkühlen lassen.
Den Fond abseihen, Gemüse beiseite stellen.
Beuschel in feine Streifen schneiden.
Karotten und Sellerie blättrig schneiden.
Die Zwiebel und Knoblauch in feine Würfel schneiden.
Zwiebel und Knoblauch in Butter anschwitzen.
Das Beuschel und Gemüse zugeben.
Alles gut durchrösten.
Grieß beimengen.
Mit Fond aufgießen.
Kräuter, gehackte Sardellen und Zitronenschale beimengen.
Im Rohr bei 150 °C 20 Minuten ausdünsten lassen.
Vor dem Servieren wie einen Schmarren auflockern.

Das Lumplko ist eine andere Zubereitungsart von Beuschel. Eine interessante Variante ist auch, die Masse in eine Rein zu füllen, erkaltet in Scheiben zu schneiden, diese zu panieren und in Fett herauszubacken.

Hendlko

1 Suppenhuhn
Kragerl und Innereien vom Huhn
¼ l Hühnersuppe, aus den Innereien und Suppenhuhn gekocht (siehe Basisrezepte)
100 g Butter
50 g Mehl
¼ l Sauerrahm
Salz, Pfeffer, Muskat, etwas Safran, Rosmarin, Majoran, Zitronenschale
Petersilie, Liebstöckel

Innereien und Huhn kochen (Hühnersuppe).
Butter leicht bräunen lassen.
Mehl zugeben und mit Hühnersuppe aufgießen.
Gut durchkochen lassen und würzen.
Sauerrahm mit etwas Mehl versprudeln.
In die Suppe mixen.
Kurz aufkochen lassen.
Mit Petersilie und Liebstöckel vollenden.
Das Gemüse, das Huhn und die Innereien aus der Suppe geben.
Von den Hühnerknochen das Fleisch ablösen.
Fleisch, Gemüse und Innereien würfeln.
Zur Einmachsuppe geben.
Dick einkochen lassen.

Dieses Gericht ist die üppige Version der klassischen Hühnereinmachsuppe. Eine Abwandlung des Rezepts besteht darin, das Hühnerfleisch in einer klaren Hühnersuppe stark einzukochen und in einer Form erkalten zu lassen. In Scheiben geschnitten und paniert ist das eine herrliche, geschmacksintensive Alternative zum Backhendl.

Süßes Ko

8 Esslöffel Honig
2 nussgroße Stück Butter
8 Esslöffel Vollkornmehl
1 Vanilleschote
3 Pimentkörner
schwach ½ l Schlagobers
1 Esslöffel Rosinen
1 Esslöffel Rum
3/8 l Milch

Rosinen in Rum einweichen.
Honig in einem Topf erhitzen.
Butter zugeben, leicht bräunen.
Vollmehl einrieseln.
Verrühren.
Mit Milch aufgießen.
Vanillemark zugeben.
Aufkochen lassen.
Gestoßenen Piment zugeben.
Durchkochen, bis die Kochlöffelspur gerade noch verschleicht.
Abkühlen.
Geschlagenes Obers unterheben.
Masse und Obers glatt verrühren.
Förmchen dünn buttern.
Rosinen einlegen.
Masse hineinfüllen.
Erkalten lassen.

Das Süße Ko oder auch Mehlko war eine wichtige Süßspeise in der bäuerlichen Küche. Nur an besonderen Tagen wurden dem Süßen Ko wie hier Rosinen beigegeben.

Kaltes Grießko

150 ml Milch
35 g Grieß
17 g Zucker
Schale von ½ Orange und ½ Zitrone
150 ml Schlagobers

Milch mit Grieß und Zucker zu einem dicken Brei verkochen.
Orangen- und Zitronenschale fein reiben.
Dazugeben.
Die Grießmasse abkühlen lassen.
Das geschlagene Obers unterheben.
In leicht gebutterte Förmchen füllen.
Vollständig erkalten lassen.
Die Förmchen kurz in warmes Wasser tauchen.
Stürzen.

Das Grießko wurde natürlich auch warm gegessen, wobei dann das Schlagobers weggelassen wurde.

Kindskoch-Auflauf

60 g Mehl
125 g Butter
320 ml Milch
2 Esslöffel Vanillezucker
3 Eier
Goldmelisse, Anis

Milch mit Anis und Goldmelisse aufkochen.
Ziehen lassen.
Butter schmelzen.
Mehl einrühren.
Mit Milch aufgießen.
Zügig glattrühren.
Unter ständigem Rühren aufkochen lassen.
Die Masse überkühlen lassen.
Eidotter einarbeiten.
Eiklar zu Schnee schlagen.
Eischnee unterheben.
Die Masse in gebutterte und mit Zucker ausgestreute Förmchen füllen.
Im Wasserbad und im Rohr bei 170 °C 20 Minuten garen.

Mit Kompott oder Röster anrichten.
Dieses Rezept des Kindsko ist die elegante Variante, da zusätzlich noch Eischnee untergehoben wird. Es schmeckt sehr vollmundig und ist sozusagen das „Mühlviertler Soufflé“.

Schedl

Das Wort „Schedl“ hat nichts mit dem Kopf zu tun. Vielmehr wurde als Schedl alles bezeichnet, was in einer Rein gebacken wurde und meist eher flach war. Der Schedl konnte süß wie auch sauer, fleischlos oder mit Fleisch zubereitet sein. Er wurde sowohl warm als auch kalt gegessen.

Räuberschedl

1 kg mehlige Erdäpfel
4 Eier
Salz, Muskat
150 g Bauchspeck, aufgeschnitten
1/8 l Schlagobers

Erdäpfel grob reiben.
Mit Wasser schwemmen und auspressen.
Erdäpfel mit Eiern, Obers, Salz, Muskat vermischen.
Eine Rein mit Speckscheiben auslegen.
Die Erdäpfelmasse abwechselnd mit Speckscheiben in die Rein geben.
Bei 170 °C 45 Minuten backen.

Dieses Gericht wurde als Hauptspeise mit Sauerkraut oder Krautsalat gegessen. Es eignet sich aber auch hervorragend als Beilage zu Fleischgerichten.

Leberschedl

300 g faschierte Schweinsleber
¼ kg faschiertes Schweinefleisch
¼ kg gesurter und faschierter Schweinsbauch
1 Schweinsnetz
150 g Knödelbrot
2 Eier
¼ l Milch
2 Esslöffel Schmalz
1 Zwiebel, feinwürfelig geschnitten
1 Knoblauchzehe, fein gehackt
Salz, Pfeffer, Kümmel, Majoran
Korianderkörner zum Bestreuen

Zwiebel in Schmalz rösten.
Knödelbrot zufügen.
Mit Milch aufgießen, quellen lassen.
Sämtliche Zutaten bis auf das Schweinsnetz dazumischen.
Das Schweinsnetz in einer Rein ausbreiten.
Die Fleischmasse darin verteilen.
Mit dem Schweinsnetz zuschlagen.
Mit Korianderkörnern bestreuen.
Bei 170 °C 45 Minuten backen.

Der Leberschedl ist ein „Klassiker“, der mit Erdäpfeln und Krautsalat auf den Tisch kam. Übrig gebliebener Braten wurde auch kalt gegessen oder als Suppeneinlage verwendet.

Dünner Schedl

2 Esslöffel braune Butter (siehe Basisrezepte)
¼ l Milch
100 g Grieß
1 Esslöffel Zucker
2 Äpfel
1 Messerspitze Anis

In einer Rein die Butter mit der Milch aufkochen.
Grieß einschwemmen.
Der Grieß sollte in der Butter-Milch-Mischung gleichmäßig am Boden verteilt sein.
Äpfel schälen.
Feinblättrig über die Grießmasse hacheln.
Mit Zucker und Anis bestreuen.
Bei 170 °C im Rohr 10 Minuten backen.

Diese Süßspeise ist rasch zubereitet und vor allem bei Kindern sehr beliebt.

Erdäpfelschedl

½ kg halbmehlige Erdäpfel
1 Zwiebel, feinwürfelig geschnitten
1/8 l Schlagobers
1/8 l Gemüsefond
Salz, Muskat
4 Eier

Halbmehlige Erdäpfel schälen.
Blättrig schneiden.
In Salzwasser blanchieren.
Abgießen.
Zwiebel anschwitzen.
Mit Obers und Gemüsefond aufgießen.
Eier untermischen.
Erdäpfel dazugeben und vermischen.
In einer mit Folie ausgelegten Form im Wasserbad bei 110 °C ca. 3 Stunden garen.

Ursprünglich wurde der Erdäpfelschedl aus rohen und gekochten Erdäpfeln zubereitet. Gegen Ende der Backzeit wurde er mit Marmelade bestrichen oder es wurden Zwetschken in den Teig gedrückt. Obige Rezeptur ist eine moderne saure Variante, da ich die süße Variante äußerst gewöhnungsbedürftig finde.

Strudel

Diese Speise, die sich großer Beliebtheit erfreut, wurde ursprünglich nur gekocht, weil früher beim Herd meist kein Backrohr vorhanden war. Erst später entwickelten sich dann die gebackenen Strudel. Es entstand ein Variantenreichtum, da neben dem Strudel- und dem Nudelteig auch verschiedene andere Teige Verwendung fanden.

Krautstrudel

Strudelteig von ¼ kg Mehl (siehe Basisrezepte)
600 g Kraut
Salz, Kümmel
1 Messerspitze Schwarzkümmel
2 Esslöffel Butterschmalz (Schweineschmalz)
1 Esslöffel Zucker
200 g Zwiebel, fein geschnitten
¼ l Sauerrahm
2 Esslöffel gehackte Petersilie
1 Esslöffel gehacktes Liebstöckel

Kraut in Würfel schneiden.
Zwiebel in Schmalz goldbraun rösten.
Zucker dazugeben und karamellisieren lassen.
Das Kraut beimengen.
Etwas Wasser angießen, aber nur so viel, dass das Kraut dünsten kann.
Weich dünsten, sodass am Ende der Garzeit die Flüssigkeit verdampft ist.
Die Krautmasse auskühlen lassen und mit den Kräutern vollenden.
Den Strudelteig ausziehen.
Sauerrahm glatt rühren und den ausgezogenen Strudelteig damit bestreichen.
Die Masse darauf verteilen.
Den Strudel einrollen.
Bei 170 °C 1 Stunde backen.

Krautstrudel wurde meist als Hauptgericht gegessen. Oftmals wurde der Strudel gegen Ende der Garzeit noch mit Sauerrahm bestrichen.

Rahmstrudel I

Strudelteig von ¼ kg Mehl (siehe Basisrezepte)
60 g Butter
2 Eier
100 g Staubzucker
400 ml Sauerrahm
120 g Brösel (wenn vorhanden süße Brösel)
1 Esslöffel Rosinen

Butter mit Zucker schaumig rühren.
Eidotter einarbeiten.
Eiklar zu Schnee schlagen.
Rahm und Rosinen zu der Dottermasse geben.
Eischnee mit den Bröseln unter die Masse heben.
Den Strudelteig ausziehen.
Die Masse darauf verteilen.
Den Strudel einrollen.
Bei 170 °C 1 Stunde backen.

Dies ist die schnelle Variante des Rahmstrudels. Wenn Sie süße Brösel zur Verfügung haben, verwenden Sie diese, ansonsten rösten Sie die Brösel in etwas Fett leicht an.

Rahmstrudel II

Strudelteig von ¼ kg Mehl (siehe Basisrezepte)
80 g Butter
4 Eier
150 g Staubzucker
¼ l Sauerrahm
200 g Brösel
2 Semmeln, in Milch eingeweicht und passiert
2 Esslöffel Rosinen
Zitronenschale
1/8 l Milch
1 Esslöffel braune Butter (siehe Basisrezepte)
1 Esslöffel Kristallzucker

Butter mit Staubzucker schaumig rühren.
Eidotter einarbeiten.
Eiklar zu Schnee schlagen.
Rahm, die passierten Semmeln und die Zitronenschale zu der Dottermasse geben.
Eischnee mit den Bröseln unter die Masse heben.
Den Strudelteig ausziehen.
Die Masse darauf verteilen und mit Rosinen bestreuen.
Den Strudel einrollen.
In eine gebutterte Form geben.
Mit brauner Butter bepinseln.
Mit Kristallzucker bestreuen.
Bei 170 °C 45 Minuten backen.
Mit der Milch übergießen.
Weitere 15 Minuten backen.

Diese Variante des Rahmstrudels ist wohl die elegantere. Zudem wird beim Backvorgang Milch über den Strudel gegossen, wodurch er besonders saftig wird.

Topfenstrudel

Strudelteig von ½ kg Mehl
125 g Butter
400 g Staubzucker
Vanille, Zitronenschale, Orangenschale
Rum
10 Dotter
¾ kg Topfen
¼ l Schlagobers, geschlagen
10 Eiklar, zu Schnee geschlagen
½ kg Toastbrot, gerieben
100 ml Milch
Rosinen

Strudelteig zubereiten und mindestens 1 Stunde rasten lassen.
Butter mit Staubzucker schaumig rühren.
Eidotter nach und nach zufügen.
Zitronen- und Orangenschale sowie Vanille zufügen.
Geriebenes Toastbrot (ohne Rinde) mit Milch befeuchten.
Mit Rum, Topfen und Rosinen zur Butter-Dotter-Masse geben.
Zum Schluss Schnee und Obers einarbeiten.
Strudelteig ausziehen.
Die Masse darauf verteilen.
Zusammenrollen.
In einer gebutterten Form bei 170 °C ca. 1 Stunde backen.

Am besten genießen Sie diesen Strudel heiß aus dem Ofen,
dann ist er so richtig flaumig.

Süßer Strudel

70 g braune Butter (siehe Basisrezepte)
2 Dotter
100 g Zucker
¼ kg Mehl
½ Packerl Backpulver
100 ml Milch
säuerliche Marmelade (Ribisel)

Alle Zutaten bis auf Marmelade zu einem glatten Teig verarbeiten.
1 Stunde kühl rasten lassen.
Teig 3 mm dünn ausrollen.
Mit Marmelade bestreichen.
Zusammenrollen.
Bei 170 °C ca. 40 Minuten backen.

Dieser Strudel ist eine sehr einfache, schnelle Variante, die früher oftmals auch zwischendurch aufgetischt wurde.

Eierstrudel

4 Eier
120 g Mehl
100 ml Milch

2 Esslöffel Rosinen
100 g Zucker
½ l Sauerrahm
2 Esslöffel braune Butter (siehe Basisrezepte)

2 Eier
¼ l Milch

Aus den 4 Eiern, Mehl und Milch einen Palatschinkenteig bereiten.
Palatschinken backen.
Jeweils eine Palatschinke mit Sauerrahm, Zucker, Rosinen und brauner Butter bestreichen.
Mit einer zweiten Palatschinke abdecken.
Nochmals mit Fülle bestreichen.
Die zusammengesetzten Palatschinken zu Rollen formen.
In ca. 5 cm lange Stücke schneiden.
In eine gebutterte Backform geben.
Bei 170 °C ca. 25 Minuten backen.
2 Eier mit Milch versprudeln.
Den Eierstrudel damit übergießen.
Nochmals 10 Minuten backen.

Da die Palatschinken wie ein Strudel gerollt werden, benannte man diese Speise Eierstrudel. Servieren Sie dazu Vanillesauce oder Hollerröster.

Mohnstrudel

Teig:
½ kg Mehl
125 g Butter (löffelweich)
100 g Staubzucker
40 g Germ
4 Dotter
etwas Salz
200 ml Milch
Zitronenschale
Ei zum Bestreichen

Germ mit etwas Zucker verbröseln.
Stehen lassen, bis er sich verflüssigt.
Mit den restlichen Zutaten zu einem geschmeidigen Teig abschlagen.
1 bis 1 ½ Stunden aufgehen lassen.

Fülle:
150 g gequetschter Mohn
1 Esslöffel Honig
1 Messerspitze Zimt
1 Messerspitze Piment
100 g Zucker
200 ml Milch
Zitronenschale

Aus den Zutaten einen „Mohnbrei“ kochen.

Teig fingerdick ausrollen.
Mit Fülle bestreichen.
Eng zusammenrollen.
Mit Ei bestreichen.
Bei 180 °C ca. 40 Minuten backen.

Verwenden Sie für die Fülle frisch gequetschten Mohn, da dieser ein unvergleichlich besseres Aroma hat als gemahlener.

Mürber Apfelstrudel

Teig:
350 g Mehl
¼ kg Butter
1 Ei
8 cl Wasser
etwas Salz
Ei zum Bestreichen

Aus den Zutaten einen Teig kneten.
Zugedeckt über Nacht rasten lassen.

Fülle:
8 kinderfaustgroße Äpfel (säuerlich und festkochend)
1 Messerspitze Piment
4 Esslöffel Zucker
1 Esslöffel Butter
etwas Zitronenschale

Äpfel schälen, entkernen, in Würfel schneiden.
Zucker karamellisieren.
Butter, Äpfel und Gewürze zugeben.
Dünsten lassen.
Der gelbliche Apfel muss sich karamellbraun färben.
Die entstandene Flüssigkeit rasch einkochen.
Die Masse abkühlen lassen.

Teig fingerdick ausrollen.
Die Fülle darauf verteilen.
Den Teig zusammenschlagen.
Mit Ei bestreichen.
Bei 170 °C 45 Minuten backen.

Am besten schmeckt der Strudel lauwarm mit etwas Schlagobers.
Er ist aber sehr wohl einige Tage haltbar und bleibt saftig.

Mühlviertler Besonderheiten

Die Küche eines Landstriches weist sich vor allem durch jene Gerichte aus, die meist nur innerhalb eines kleinen geografischen Bereiches gefunden werden. Dies sind Besonderheiten, ein kulinarisches Kulturgut, das leider immer mehr in Vergessenheit gerät. Allein schon die Namen der Speisen lassen einen schmunzeln. Mir ist es ein Anliegen, gerade diese Rezepte neu aufzulegen, damit die Gerichte wieder Einzug in unsere Speisepläne halten.

Kuhhäute

Teig:
½ kg mehlige Erdäpfel
200 g Mehl
1 Messerspitze Backpulver
1 Ei

Erdäpfel kochen, schälen, passieren.
Mit Mehl, Backpulver und Ei rasch zu einem glatten Teig verarbeiten.
Eine Rolle formen und Stücke abschneiden.
Aus den Teigstücken pfannengroße Fladen formen.
Die Fladen sollen halb fingerdick sein.
Die Fladen in einer Pfanne ohne Fett garen.

Fülle:
150 g Nüsse
1 Esslöffel Honig
1 Messerspitze Nelken, gemahlen
100 g Zucker
200 ml Milch
Zitronenschale

Alle Zutaten zu einer Nusscreme kochen.

Die Fladen in einer Schüssel abwechselnd mit Nusscreme anrichten.

Traditionell wurden die Fladen direkt auf der Herdplatte gebraten. Verwenden Sie dazu eine beschichtete Pfanne.
Anstatt der Nussfülle kann auch eine Mohnfülle verwendet werden. Zudem besteht die Möglichkeit, die Fladen aus Strudelteig zu machen oder sie gesalzen zu servieren.
Der Name Kuhhäute stammt von der Optik. Die unregelmäßigen Fladen bilden beim Backen dunkle Stellen, diese gleichen dem Muster von Fleckvieh.

Erdäpfelsterz

½ kg mehlige Erdäpfel, gekocht
100 g Mehl
100 g Butterschmalz
1 Messerspitze Kümmel
Salz, Muskat
100 ml Milch
1 Esslöffel Petersilie, gehackt

Erdäpfel grob zerdrücken.
Mit Mehl verbröseln.
Butterschmalz erhitzen.
Die Masse darin anbraten.
Würzen.
Mit Milch begießen.
Im Rohr bei 200 °C so lange backen, bis die Milch eingezogen ist.
Die Masse auflockern und mit Petersilie bestreuen.

Der Erdäpfelsterz ist eine gehaltvolle Beilage zu Fleisch, wurde aber auch mit geröstetem Speck oder frischen Grammeln als Hauptspeise gegessen.

Gebackene Mäuse

½ kg Mehl
20 g Germ
2 Eier
etwas Salz
20 g Butter
150 ml Milch
Fett zum Backen

Germ mit etwas Zucker verbröseln.
Stehen lassen, bis er sich verflüssigt.
Mit den restlichen Zutaten zu einem weichen Teig abschlagen.
1 bis 1 ½ Stunden aufgehen lassen.
Mit einem in Fett getunkten Löffel aus dem Teig große Nocken formen.
Die Nocken ins heiße Fett einlegen.
Goldbraun backen.
Abgetropft überzuckern oder in gequetschtem Mohn wälzen.

Das Gericht hat nichts mit den kleinen Tieren zu tun, es erinnert lediglich die Form ein wenig an Mäuse.

Topfensterz

¼ kg Bröseltopfen
¼ kg Mehl
Salz, Muskat, Pfeffer, Schwarzkümmel
1 Esslöffel Schnittlauch
100 g Butterschmalz

Topfen mit dem Mehl verbröseln und würzen.
In einer großen Pfanne Butterschmalz erhitzen.
Die Masse in der Pfanne verteilen.
Bei 200 °C im Rohr ca. 15 Minuten backen.
Ab und zu durchlockern.
Mit Schnittlauch bestreuen.

Mit einem Salat serviert ein wunderbares vegetarisches Hauptgericht.
Ganz wichtig bei dieser Rezeptur ist, dass ein sehr trockener Topfen verwendet wird. Gegebenenfalls lassen Sie den Topfen über Nacht in einem Tuch aushängen.

Gefüllte Äpfel

8 kleine, säuerliche Äpfel
8 Esslöffel Johannisbeermarmelade
½ l Most
Nelken, Zimt, Zitronenschale
100 g Zucker
Mehl, 2 Eier, Brösel und geriebene Nüsse zum Panieren
Fett zum Backen

Most mit Zucker und den Gewürzen aufkochen.
Äpfel schälen.
Das Kerngehäuse so herausstechen, dass die Äpfel ganz bleiben.
Die Äpfel im Most kernig kochen.
Auskühlen lassen.
Das Loch vom entfernten Kerngehäuse mit Marmelade füllen und mit Apfelstücken verschließen.
Mit Mehl, Eiern und einem Gemisch aus Bröseln und Nüssen panieren.
In Fett goldbraun backen.
Mit Zucker und Zimt bestreuen.

Bei diesem Rezept finden auch die kleinen Äpfel Verwendung. Hervorragend passt dazu ein Mostschaum.

Wespennester

Teig:
½ kg Mehl
3 Eier
50 g Zucker
20 g Butter
20 g Germ
100 ml Milch

Fülle:
¼ kg Kletzen oder Dörrzwetschken
100 g Powidlmarmelade
150 ml Milch

Germ mit etwas Zucker verbröseln.
Stehen lassen, bis er sich verflüssigt.
Mit den restlichen Zutaten zu einem geschmeidigen Teig abschlagen.
1 Stunde aufgehen lassen.
Den Teig zusammenschlagen.
Zu einem 1 cm dicken Rechteck ausrollen.
In kleinere Rechtecke teilen.
Die Teigrechtecke mit Marmelade bestreichen.
Die fein geschnittenen Dörrzwetschken oder Kletzen darauf verteilen.
Zu einer Rolle formen.
3 cm große Stücke von der Rolle abschneiden.
In eine gebutterte Rein aufrecht hineinstellen.
Bei 160 °C goldbraun backen.
Gegen Ende der Backzeit mit Milch übergießen.
So lange weiter backen, bis die Milch eingezogen ist.

Diese saftige Germmehlspeise kann auch mit frischen Äpfeln oder Birnen zubereitet werden. Verwenden Sie dann Marillenmarmelade.
Der Name stammt vermutlich daher, dass einerseits Wespen auf Süßes fliegen, andererseits die Optik der eines Wespennests ähnelt.

Spitzbuben

150 g Butter
100 g Schweineschmalz
¼ kg Zucker
700 g Mehl
2 Eier
Piment, Nelken, Zitronenschale
Ribiselmarmelade

Aus Butter, Schmalz, Zucker, Mehl, Eiern und den Gewürzen rasch einen Teig kneten.
Kühl rasten lassen.
¾ des Teiges zu einer fingerdicken, rechteckigen Platte ausrollen.
Auf ein Backblech legen.
Mit Marmelade bestreichen.
Aus dem restlichen Teig dünne Rollen formen.
Die Rollen auf dem Kuchen gitterförmig auflegen.
Bei 160 °C 45 Minuten backen.
Unbedingt noch warm in Stücke schneiden.

In früherer Zeit wurde der Kuchen nach dem Backen und Schneiden zum Auskühlen auf das Fensterbrett gestellt. Da er schon portioniert war, konnten die „Spitzbuben" leicht etwas davon stibitzen. Verwenden Sie unbedingt etwas Schweineschmalz, dieses gibt dem Kuchen das unvergleichliche Aroma.

Wetzsteine

½ kg Mehl
15 g Germ
40 g Zucker
2 Dotter
10 dag Butter, zerlassen
1 Messerspitze Salz
2 cl Rum
300 ml Milch
Fett zum Ausbacken

Germ mit etwas Zucker verbröseln.
Stehen lassen, bis er sich verflüssigt.
Mit den restlichen Zutaten zu einem weichen Teig abschlagen.
Teig auf das doppelte Volumen aufgehen lassen.
Zusammenschlagen.
Der Teig sollte sich noch formen lassen.
Eine Rolle formen und kleine Stücke abstechen.
Etwa 10 cm lange fingerdicke Nudeln formen.
Im Fett schwimmend goldbraun backen.
Noch warm überzuckern.

Der Name dieser Süßspeise stammt von der Formverwandtschaft mit den Wetzsteinen, die vorwiegend zum Schärfen der Sense mitgetragen wurden.

Stoppelfuchs

½ kg mehlige Erdäpfel, roh, geschält
1 Ei
125 g Bröseltopfen, sehr trocken
1 Esslöffel Maizena oder Erdäpfelstärkemehl
Powidlmarmelade
Butterschmalz zum Backen
Staubzucker

Erdäpfel grob reiben.
Gut ausdrücken.
Mit Ei, Topfen und Mehl vermischen.
In einer Pfanne mit Butterschmalz kleine Fladen backen.
Heiß mit Powidlmarmelade bestreichen.
Mit Staubzucker bestreuen und servieren.

Woher der Name stammt, konnte ich nicht eruieren.
Auf alle Fälle ist es eine außergewöhnliche Süßspeise,
die Sie unbedingt probieren sollten.

Grammeltorte

¼ kg Grammeln, gut ausgelassen und gehackt
¼ kg Mehl
120 g Zucker
2 Eier
100 ml Milch
Schale von ½ Zitrone
1 Messerspitze Zimt, gemahlen
1 Messerspitze Piment, gemahlen
Ribiselmarmelade zum Füllen

Alle Zutaten zu einem Teig verkneten.
Rasten lassen.
Die Hälfte des Teiges 2 cm dick ausrollen.
In eine Tortenform geben.
Aus dem restlichen Teig Rollen formen.
Die Torte damit gitterförmig belegen.
Bei 160 °C eine Stunde backen.
Erkaltet in die Löcher des Gitters Marmelade einfüllen.
Mit Staubzucker bestreuen.

Dies ist eine mürbe Torte, wobei die Grammeln wie Nüsse verwendet werden. Dadurch erhält die Torte eine ganz besondere Geschmacksnote.

Gebratene Milch

½ l Milch
6 Eier
50 g Mehl
100 g Zucker
50 g braune Butter (siehe Basisrezepte)
1 Messerspitze Anis

Alle Zutaten gut verrühren.
In eine gebutterte Rein leeren.
Bei 110 °C 2 Stunden garen lassen.

Diese Speise wurde sowohl warm als auch kalt gegessen und ähnelt ein wenig der klassischen Crème Caramel.

Hasenöhrl

350 g Mehl
2 Eier
2 Messerspitzen Backpulver
200 ml Sauerrahm
Fett zum Backen

Alle Zutaten rasch zu einem Teig verarbeiten.
2 Stunden kühl rasten lassen.
5 mm dick ausrollen.
In Rauten schneiden.
Im heißen Fett backen.
Der Teig sollte sich aufplustern.
Mit Zucker bestreuen.

Ein anderer Name für diese Speise ist Polsterzipf, was die Form des Gebäcks bestens beschreibt. Probieren Sie Hasenöhrl auch einmal pikant, indem Sie sie leicht salzen.

Gschabnblattln

400 g Strudelteig- oder Nudelteigreste
100 g Zwiebel, in Ringe geschnitten
4 Eier
Salz, Petersilie, Pfeffer
Schmalz

Teigreste dünn ausrollen.
Trocknen lassen.
In kleine Stücke brechen.
In Salzwasser kochen.
In einer Pfanne Zwiebel in Schmalz anschwitzen.
Die gekochten Blattln dazugeben.
Eier darüberschlagen.
Würzen und stocken lassen.

Die Blattln wurden auch als Suppeneinlage verwendet, wobei sie dann nur gekocht wurden.

Aufglaufene Kirschen

4 Eier
4 Ei schwer Sauermilch
4 Ei schwer Sauerrahm
2 Ei schwer Grieß
Zucker nach Belieben
2 Handvoll Kirschen, entkernt

Dotter mit Zucker aufschlagen.
Rahm und Sauermilch verrühren.
Grieß einrühren.
Unter die Dotter ziehen.
Schnee unterheben.
Mit Kirschen belegen.
Auf einem gebutterten Blech bei 170° ca. 20 bis 25 Minuten backen.

Sie können die Menge wunderbar variieren. Beachten Sie lediglich immer das Gewicht der ganzen Eier.
Diese Rezeptur gelingt wunderbar auch mit anderen Früchten.
Probieren Sie ebenfalls, Schokoladestücke unter die Masse zu heben.

Basisrezepte

Um die Mühlviertler Speisen möglichst authentisch nachkochen zu können, sind hier einige grundlegende Rezepte und Zubereitungsweisen versammelt, die zum guten Gelingen der einzelnen Gerichte beitragen.

Erdäpfelteig

400 g mehlige Erdäpfel, gekocht, passiert, kalt
200 g griffiges Mehl
50 g Weizengrieß
1 Ei
1 Esslöffel Maizena

Den Teig schnell und glatt abarbeiten.

Ich persönlich salze den Teig nicht, da das Salz Wasser zieht und der Teig sich dadurch schwerer bearbeiten lässt.

Erdäpfelteig für gebackene Knödel

400 g mehlige Erdäpfel, gekocht, passiert, lauwarm
100 g griffiges Mehl
2 Dotter
1 Esslöffel Maizena

Den Teig schnell und glatt abarbeiten.

Verarbeiten Sie den Teig sogleich, da er bei längerem Rasten weicher wird.

Strudelteig

¼ kg glattes Mehl
2 cl Öl
⅛ l warmes Wasser

Alle Zutaten glatt und geschmeidig abarbeiten.
Mindestens 1 Stunde rasten lassen.

Braune Butter

Butter nach benötigter Menge

Butter in kleine Stücke schneiden.
Einen Topf erhitzen.
Die Butter darin rasch schmelzen, sodass sie sofort zu bräunen beginnt.
Eventuell in ein kaltes Geschirr umleeren, damit die Butter nicht zu stark nachbräunt.

Buttersaures

Wenn Butter gekocht wird (wie für Butterschmalz), klärt sie sich.
Am Topfboden bleibt eine milchige Flüssigkeit – das Buttersaure.

Gemüsefond

Wurzelabschnitte und -schalen
Zwiebel, Knoblauch
Salz, Pfefferkörner, Kümmel, Fenchelsamen, Muskat, Lorbeerblätter

Alle Zutaten kalt aufstellen.
Aufkochen und 10 Minuten ziehen lassen.

Sie können für den Gemüsefond Gemüse nach Belieben verwenden. Die Intensität des Fonds richtet sich nach der verwendeten Menge. Vermeiden Sie jedoch Kohlgemüse, da dieses den Geschmack des Fonds zu stark dominiert.

Selchsuppe

4 l Wasser
1 kg geselchte Ripperl
½ kg Geselchtes
1 Zwiebel ohne Schale
1 Karotte
1 Petersilienwurzel
1 kleiner Sellerie
1 kleine Stange Lauch
1 Knoblauchzehe
Petersilienstängel, Liebstöckel
1 Mokkalöffel Kümmel
4 Lorbeerblätter
10 Pfefferkörner
3 Muskatblüten
Salz

Alle Zutaten bis auf das Fleisch kalt aufstellen.
Aufkochen lassen.
Das Fleisch hinzufügen.
Leise köcheln lassen, bis das Fleisch weich ist.
Die Suppe abseihen.
Das Fleisch und die Ripperl für eine weitere Verwendung aufheben.

Der traditionelle und ursprüngliche Geschmack der Mühlviertler Selchsuppe stammt vom so genannten „schwarz Geselchten". Das Fleisch wurde dabei im Kamin geselcht, es hat eine schwarze Rinde und vor allem einen unvergleichlichen Geschmack. Leider wird diese Art des Räucherns kaum mehr praktiziert.

Rindsuppe (6 Personen)

4 l Wasser
1 ½ kg Rinderknochen (Mark- und Fleischknochen gemischt)
600 g Rindfleisch
1 Zwiebel mit Schale
2 Esslöffel Öl
je 2 Karotten, gelbe Rüben, Petersilienwurzeln und Pastinaken
1 kleiner Sellerie
1 kleine Stange Lauch
1 Knoblauchzehe
Petersilienstängel, Liebstöckel
1 Mokkalöffel Kümmel
4 Lorbeerblätter
10 Pfefferkörner
3 Muskatblüten
Salz

Öl in einem großen Topf erhitzen.
Knochen darin rundherum anrösten.
Zwiebel halbieren und auf der Schnittfläche Farbe nehmen lassen.
Geschältes Gemüse zugeben und mit kaltem Wasser aufgießen.
Aufkochen lassen, Fleisch zugeben.
Kaltes Wasser angießen.
Wiederum aufwallen lassen.
Den Vorgang so lange wiederholen, bis alle Flüssigkeit verbraucht ist.
Danach leise köcheln lassen.

Durch das immerwährende Auffüllen mit kaltem Wasser klumpen die Eiweißtrübstoffe. Dadurch bleibt die Suppe klar.

Klare Hühnersuppe

2 Hühnerkarkassen
Salz, Pfefferkörner, Lorbeerblatt, Kümmel, Muskat, Knoblauch, Rosmarin
1 Zwiebel mit Schale
je 1 Karotte, gelbe Rübe und Petersilienwurzel
1 kleiner Sellerie
1 kleine Stange Lauch
Petersilienstängel, Liebstöckel
2 Scheiben Zitrone

Alle Zutaten mit kaltem Wasser aufstellen, wobei der Topf ¾ voll sein soll.
Wenn die Suppe aufkocht, nach und nach kaltes Wasser zufügen, bis der Topf voll ist.
Leise köcheln lassen.

Die Hühnersuppe ist eine hervorragende Basis für Suppen und Saucen.
Sie können diese Suppe genauso wie die anderen auf Vorrat kochen, indem Sie den Fond heiß in Rexgläser füllen oder einfrieren.

Verzeichnis der Rezepte – alphabetisch

Quellenangabe:

Brauchtum und Rezepte aus mündlichen Überlieferungen und überarbeitete Rezepte aus den Büchern „Hupfauf und Rauberbraten" (Helga Litschel, 1977), „Vom Essen auf dem Lande" (Franz Maier-Bruck, 1999) und „der Bäuerin in den Kochtopf g´schaut" (R. Willnauer, 1981).

Über mich – Georg Friedl

Aufgewachsen in Pregarten, habe ich viel Zeit in der Natur und der Haushaltsküche meiner Mutter und der Großeltern verbracht.

Bei uns wurde großer Wert auf gutes Essen gelegt und das hat mich geschmacklich geprägt.

Nach der Gastgewerbefachschule in Bad Leonfelden kochte ich in verschiedenen Haubenlokalen und wurde später selbst in den Restaurantführern ausgezeichnet. Schon vor mehr als 15 Jahren entdeckte ich die Einzigartigkeit alter Rezepte der heimischen Küche und den Vorteil, regional und saisonal zu kochen.

Nach der Wein- und Käsesommelierausbildung schrieb ich das erste Mühlviertler KOCH:BUCH und startete im Nebenerwerb das Projekt „mühlvierteln". Dabei praktiziere ich eine spontane und begeisternde, konsequent regionale Küche.

Da unsere Gegenwart und das Kommende nicht ohne Vergangenheit existieren würden, bin ich überzeugt, dass die Zukunft der Küche in der Tradition liegt. Diese verlangt Wertschätzung, denn sie ist Träger unseres Kulturgutes – einer langlebigen Küche.

Alte Rezepte werden von mir neu aufgegriffen. Die daraus zubereiteten Gerichte tragen die Identität des Landstrichs.

Der bewusste Verzicht auf die ständige Verfügbarkeit der Lebensmittel schränkt nicht ein, sondern fördert die Kreativität.

Kochen ist für mich die Liebe zur Natur, zu den Geschmäckern und Aromen. Sich darauf einlassen, spielen, Erfahrung sammeln, mit dem Lebensrhythmus eins werden, um der Harmonie eines Gerichtes willen. Dies nährt meine Lebensfreude, die ich in den Gerichten an Sie weitergeben möchte.

„Wer kocht, macht so leicht keine anderen Dummheiten!" (J. Newdick)

MÜHLVIERTELN | *Regionell*
www.muehlvierteln.at

Verlag Bibliothek der Provinz

Literatur, Kunst und Musikalien